WASAPS CON MI GURÚ

MELENDI & SERGI TORRES

WASAPS CON MI GURÚ

Autoconocimiento

DIANA

No se permite la reproducción total o parcial de este libro, ni su incorporación a un sistema informático, ni su transmisión en cualquier forma o por cualquier medio, sea este electrónico, mecánico, por fotocopia, por grabación u otros métodos, sin el permiso previo y por escrito del editor. La infracción de los derechos mencionados puede ser constitutiva de delito contra la propiedad intelectual (Art. 270 y siguientes del Código Penal).
Diríjase a CEDRO (Centro Español de Derechos Reprográficos) si necesita fotocopiar o escanear algún fragmento de esta obra. Puede contactar con CEDRO a través de la web www.conlicencia.com o por teléfono en el 91 702 19 70 / 93 272 04 47.

Primera edición: noviembre de 2021

© Ramón Melendi y Sergi Torres, 2021

© Editorial Planeta, S. A., 2021
Diana es un sello editorial de Editorial Planeta, S.A.
Avda. Diagonal, 662-664, 08034 Barcelona (España)
www.planetadelibros.com

Ilustraciones del interior: © Cosmic Design / Shutterstock y
© Carboxylase / Shutterstock
De las fotografías del interior, © Miguel Ángel Fernández Meléndez
De las ilustraciones de las fotografías del interior, © Jorge Blanco

ISBN: 978-84-18118-76-0
Depósito legal: B. 16.378-2021
Fotocomposición: Toni Clapés
Impresión y encuadernación: Macrolibros

Impreso en España – *Printed in Spain*

El papel utilizado para la impresión de este libro está calificado como **papel ecológico** y procede de bosques gestionados de manera **sostenible**.

SUMARIO

PRÓLOGO 9
HABLA SERGI 15
HABLA MELENDI 19

CAPÍTULO 0
Llamando a Morfeo
Hola, Neo... 21

CAPÍTULO 1
El efecto Greta
Nuestro amado planeta azul 29

CAPÍTULO 2
El futuro que nos espera
Y el maestro del termómetro 43

CAPÍTULO 3
La fama
La jaula de oro y el verdadero éxito 67

CAPÍTULO 4
La sexualidad
Olvídate de lo del sexo, las drogas y el rock & roll 93

CAPÍTULO 5
Cuestión de género
El arte de aprender a escuchar 123

CAPÍTULO 6
El miedo
El carcelero invisible 149

CAPÍTULO 7
Carlota y Arnau
Los jóvenes nos enseñan 183

CAPÍTULO 8
La ley de la atracción
Y el Ferrari que nunca apareció 209

CAPÍTULO 9
La muerte
El lado menos comprendido de la vida 235

CAPÍTULO 10
La vida
¡Estamos vivos! 255

PRÓLOGO

Decía Truman Capote que «existen pocas buenas conversaciones debido a la escasez de posibilidades de que dos transmisores inteligentes se encuentren». Has tenido suerte. Tienes en tus manos una gran conversación. Ramón y Sergi son dos personas que buscan.

Conversar es «vivir, dar vueltas en compañía». Ahí está la magia, en las vueltas con las que Ramón y Sergi caracolean sobre lo divino y lo humano, lo temporal y lo pasajero, las emociones y los pensamientos. Y todo salpicado de un humor maravilloso: «Dices que ahora no existe la noche, pero yo te prometo que esta noche te voy a llamar para que veas que sí existe». Si algo le puede gustar a un gurú es un alumno con ingenio, mucho ingenio.

Este libro te ofrece a dos pensadores, dos divulgadores de éxito a los que estamos acostumbrados a ver en grandes escenarios, a escuchar sus pensamientos a través de las metáforas de las canciones o las experiencias de vida. Ahora nos brindan la oportunidad de atisbar en el interior de sus corazones, *unplugged*. Y te garantizo que es un interior rico, con dobleces y sorpresas, porque si algo emana de aquí es sinceridad. Una sinceridad muy de agradecer en estos tiempos del *like*, donde miramos mucho fuera y buscamos poco dentro.

Te invito a sumergirte en este baile de palabras, frases y emojis que componen una sinfonía rica y disruptiva, donde las búsquedas de los personajes se van revelando y sus almas van quedando expuestas en toda su riqueza y, sobre todo, en toda su autenticidad.

Conozco a Ramón de hace años y me quito el sombrero ante esta maravillosa evolución hacia el interior, hacia la vida, hacia la luz. Sobre todo, agradezco la valentía de aceptar el compromiso de mostrarse, de darle la vuelta a la piel para que veamos todos sus matices, que hasta ahora solo intuíamos a través de su música. Hay un corazón que no vemos en sus canciones y se muestra en unas preguntas que son la puerta misma al sentir y latir de la vida de Ramón.

Todos sabemos que Sergi lleva el compromiso escrito en la frente, la claridad de quien es, la sencillez de donde está. La magia ocurre en el encuentro. Las palabras cambian cosas, son eventos en sí mismas que transforman no solo a los participantes del diálogo, sino a los que escuchamos. Ramón se va transformando, y Sergi también, por el continuo fluir de emociones y pensamientos, que los amplifica y en muchos casos sublima. Y nacen nuevos significados para antiguas definiciones, y eso es la vida: el ahora intenso de una conversación en tiempo real.

La conversación entre Sergi y Ramón es una visión de cordura que ratifica la forma de ser de cada uno, y su lugar en el mundo. Un lugar en movimiento, inestable, presente, abierto… vivo. Buscan una forma de acceder a ese sitio, de otra manera; es el camino interior y no es accesible para todo el mundo, no tanto porque no podamos llegar a él, sino porque no queremos acceder a través de nuestro inconsciente hacia lo visible, lo imponderable de nuestro ser. Ellos se han atrevido a recorrer ese camino, y nos dejan acompañarlos, y descubrimos la belleza de la vida en sus miedos, dudas, certezas y esperanzas. En su búsqueda solo hay dos caminos: uno soleado, vistoso y subjetivo, hacia fuera. Luego está el camino menos transitado, el interior, el que ocupa estas páginas, un camino de responsabilidad hacia el ser que va generando conciencia con quien uno es. Lo hace a través de una visión directa de aquella flor que siempre estuvo, pero no la habíamos visto, o a través de saltos espontáneos de conciencia que se disparan al preguntar, al indagar, al conversar. Estas conversaciones son las huellas que quedan al transitar este segundo camino.

El estilo es original, vivo, profundo y divertido a la vez, no hay atajos. Cada tema se conecta con la frescura y valentía que necesita: el miedo, el éxito, la muerte... y, sobre todo, la vida. Una vida vivida y exprimida para aprovechar cada esquina, para abrir cada puerta. El libro es una invitación a sentarnos en primera fila y ser testigos de la magia de la construcción del pensamiento con la espontaneidad del momento presente, y tomar conciencia mirando donde miran los valientes: hacia dentro. Ahí nacen las preguntas, ahí también se esconden las respuestas.

Las ideas danzan, saltan y se asocian, hasta que un nuevo concepto se cristaliza y da paso a una nueva visión, a un nuevo entendimiento. Todo ello a través de la alquimia de la palabra. Nuevos significados emergen para una mejor comprensión del yo.

Los caminos conducen siempre de vuelta a su principio, pero aquellos que los emprendieron ya no son los mismos. El entendimiento profundo de su «yo» es el motor del cambio. También del tuyo.

Luego tomó mi mano con la suya
con gesto alegre, que me confortó,
y en las cosas secretas me introdujo.

Canto III, *La Divina Comedia*

JON ELEJABEITIA

Melendi
Sergi, ¿qué te parece si convertimos nuestras conversaciones de wasap en un libro? 🤩

Sergi
¡Qué buena idea, Melendi! 😍

Melendi
¿Y qué te parece si lo titulamos «Wasaps con mi gurú»? 😃

Sergi
¡Ups! 😬😬😬

HABLA SERGI

Actualmente, me dedico a compartir una manera de ver la vida y al ser humano desde una perspectiva distinta a la que aprendí en la escuela e incluso en la universidad. La propuesta se basa en este mismo instante en el que la vida sucede: en puro presente. Esto implica, por ejemplo, asumir lo que vivo, lo que siento y lo que pienso como si fuera yo quien lo viviera, lo sintiera y lo pensara.

Esta propuesta tan simple, pero a la vez tan desafiante, implica que nadie puede enseñarnos a vivir nuestra vida ni a sentir nuestras emociones ni a pensar nuestros pensamientos; vamos, que no hay gurú que valga. Sin embargo, acepté el papel de gurú en estas conversaciones, y es que tengo que reconocer que el título me parece genial. Eso sí, te pido por favor que me trates como lo que soy: un compañero que camina por el sendero de su ignorancia humana.

Un día, al finalizar una charla que di en Barcelona, me contaron que Melendi había asistido de incógnito, vestido con el kit de la gente famosa que busca pasar desapercibida: gorra y gafas de sol. Al saber que él había estado allí, lo primero que sentí fue sorpresa: confieso que el recuerdo del incidente del avión aún estaba vigente en mi cabeza. Lo segundo fue alegría; «tiene que haber pasado por una gran transformación para haber llegado hasta aquí», pensé.

Esa misma noche, al llegar a casa, me apetecía ver la televisión y vi que estaban dando *La Voz Kids*, y ahí estaba él como *coach*. Al ver la sensibilidad con la que hablaba a los niños y a las niñas y ver cómo se emocionaba escuchándolos cantar, me di cuenta de que realmente Melendi había atravesado esa gran transformación. A esto lo solemos llamar tocar fondo, y suele dar mucho miedo, pero una vez llegas ahí terminas viendo la vida con mucho más agradecimiento.

El viaje que él y yo hemos compartido con estas conversaciones tiene momentos entrañables, divertidos, profundos y muy humanos. Nos hemos reído mucho, pero mucho, y también hemos llorado. Lamento que el texto no refleje toda la belleza de esos momentos. Pero agradezco profundamente el ejercicio que Melendi ha realizado de exponerse con tanta humildad, sensibilidad y transparencia. Esto no se lo he dicho, pero he vivido conversaciones con él que han tocado profundamente mi corazón gracias a sus ganas de ver más allá de sus miedos, de nuestros miedos.

Hemos hablado de Greta Thunberg, de la muerte, de la sexualidad y de muchos otros aspectos del ser humano que, aunque parezca mentira, a estas alturas de la película aún no sabemos vivirlos felizmente. En estas conversaciones nos hemos dado el lujo de cuestionarlo todo, empezando por nosotros mismos, y lo hemos hecho porque es muy sano darnos cuenta de que en realidad no sabemos nada.

Mientras llevábamos a cabo estas conversaciones, la Fundación Diagrama nos dio la oportunidad de participar en una charla telemática para las chicas y los chicos de dos centros de menores. Fue en esa charla, mientras escuchaba a Melendi hablar de cómo en un momento crucial de su vida se agarró a su guitarra como si fuera un salvavidas, cuando pude ver lo poderosas que son las palabras de alguien que ha pasado por momentos muy duros y ha encontrado una salida.

Quizá después de habernos tomado la vida tan en serio y olvidar el espíritu efervescente con el que vivíamos nuestra vida cuando éramos pequeños, nos toque recordarlo. Y aunque recordarlo signifique también reconciliarnos primero con las sombras que escondemos en nuestras entrañas, estamos llamados a florecer. Todavía no conozco a nadie que haya aprendido a ir en bicicleta leyendo un libro de ciclismo o escuchando las indicaciones de otra persona. Se aprende viviendo. Así que estas conversaciones no te enseñarán a vivir mejor tu vida ni a ser mejor persona, pero sí te mostrarán que vives en este instante y que, aunque quizá por un momento no lo parezca, es un instante de pura vida.

Si te preguntas por qué estás vivo o por qué estás viviendo lo que estás viviendo o si te has dado cuenta de que muchas cosas de las que vives no tienen sentido, pues ¡ya somos tres!

Bienvenido, bienvenida a nuestras conversaciones.

S<small>ERGI</small> T<small>ORRES</small> B<small>ALDÓ</small>

HABLA MELENDI

He tenido la suerte de coincidir con personas increíbles a lo largo de mi vida, personas que me han ayudado a confrontarme y a entenderme. Soy un tipo curioso que siempre solía buscar el sentido de todo, hasta que me di cuenta de que el único sentido es vivir, compartir y sentir.

Este libro es mi humilde homenaje a mi gran amiga Joaquina Fernández. Ella era humanista, terapeuta, *coach* emocional, pero, sobre todo, un ángel de la guarda. Dedicó su vida a generar conciencia social y una transformación profunda de las personas. Su carisma y su profunda visión acerca del ser humano calaron en cada corazón que tuvo la suerte de rozar el suyo, y su legado es, sin lugar a dudas, imperecedero.

Fue muy difícil para mí llenar el vacío que dejó cuando se fue, no la entendí e incluso me enfadé. Se fue a su manera, exactamente igual que vivió, sin decir nada a nadie acerca de su sufrimiento. Para muestra un botón: las últimas palabras que me dirigió, sin saber yo cuál era su estado, fueron: «¿Eres feliz?».

Las personas que ven la vida desde fuera de su frontera personal sin duda transforman con sus palabras, pero sobre todo con su coherencia. Hoy entiendo todo lo que hizo y por qué. ¿Qué sentido tendría irse de otra manera, en contra de sus enseñanzas? Con una eterna sonrisa y su manera de decirme: «Anda, siéntate, mi pequeño cretino», me acompañó a un maravilloso viaje interior, me enseñó a perder el miedo a mi luz y a aceptar mis sombras. Joaquina, mi alma seguirá junto a la tuya.

Gracias a Jon Elejabeitia, su compañero de vida. De él nació la idea de este libro. Te quiero, amigo.

Escribir junto a Sergi ha sido ¡¡¡genial!!! Este libro ha sido otro ejemplo para mí de que cuando te entregas a la experiencia presente las cosas se transforman.

Después de este proceso de más de un año en el que he compartido charlas con Sergi, he podido ver muchas cosas de mí y he llegado a conclusiones que me han hecho tomar decisiones sobre mi manera de vivir. Me encanta pensar en lo que está por llegar, cada vez me siento más libre y más consciente para mirar al miedo, abrazarlo y sentirlo hasta el final.

Sergi, gracias por enseñarme que sentir vergüenza es algo entrañable; gracias por volver a conectarme con el niño travieso que siempre he sido; por hacerme entender que los dos somos alumnos y también maestros. Era la única manera de que me viera a mí y no buscara ser tú. Ha sido todo un viaje y sí... te acompaño.

P. D.: Me has hecho saltar de alegría de la silla.

MELENDI

Capítulo 0
LLAMANDO A MORFEO
Hola, Neo...

Llamando a Morfeo
Sergi Torres
Melendi

Melendi
¡¡¡Llamando a Morfeo!!! 🖖

Sergi
Hola, Neo. 🖖

Melendi
Cuando ya has tomado la píldora azul 🔵, ¿es posible volver a vivir en la simulación?

Sergi
Claro, porque la azul es la que te deja dormido del todo para siempre. Querrás decir la roja 🔴, ¿verdad? 😂😂😂

Melendi
Ya decía yo que algo iba mal. 😜

Sergi
Menos mal que no te he ofrecido la verde. 🤣🤣🤣

Neo... Empecemos de nuevo. Haré ver que todavía no me has preguntado. 🫠🫠🫠

Melendi
Te estaba probando, Morfeo, últimamente hay fallos en mi Matrix. 👲👲👲 Pero ya sabiendo que eres tú… ¿Se puede volver a la simulación una vez que tomas la pastilla roja? 🔴🫘🫘🫘
🙏🙏🙏

Sergi
Sí, claro. Puedes mantenerte en la simulación. La diferencia está en que sabes que estás en una simulación. Saberlo marca la diferencia.

¿Te imaginas ser consciente de que estás dentro de una gran obra de teatro?

Melendi
Sí, eso sí me lo puedo imaginar. Pero por algún motivo, y después de muchas experiencias que apuntan claramente a esa verdad, hay algo en mí que no me permite disfrutar completamente de la obra de teatro. Quizá sea el miedo. El miedo a recordar lo que hay entre bambalinas. 🎭😱

¿Por qué le tengo tanto miedo a la verdad si es tan liberadora?

Sergi
Imagínate al protagonista de una película que de repente empieza a darse cuenta de que quizá tan solo es un personaje. Vamos, que no es real.
¿No crees que sentiría pánico? La parte de ti que siente miedo es el personaje. Y la parte de ti que se da cuenta de que estás sintiendo miedo es el actor, tu yo verdadero.

Melendi
¿Qué recuerdas del Sergi personaje?

Sergi
Tu pregunta hace que recuerde a una persona que creía ser alguien y que fue superada por la gran ola de la vida. 🌊🧑🌊

Recuerdo el constante esfuerzo por encajar en este mundo. Recuerdo el no saber qué hago aquí. Recuerdo la sensación de insatisfacción constante.

Mis palabras y mis pensamientos solían estar llenos de arrogancia. Creía saber algo de la vida. 🥲🥲🥲😂😂😂

¡Ah! Y no quiero dejar de nombrar mi sentido de justicia personal: esto es justo, esto no es justo, ⚖️😂 y de moral: esto es bueno y esto malo. Estaba tan perdido que ni me daba cuenta de que estaba perdido. 😬

Y ahora no es que no esté perdido, pero al menos sí me doy cuenta de ello. 🤣🤣🤣

Melendi
🖖 ¡Que la Fuerza me acompañe! ¡Me has descrito bien! 🤣🤣🤣
Pienso que ser consciente de todo esto que dices, y además no creerme todos mis pensamientos, es un pasito adelante. Sin embargo, hay algo que se me tiene que estar escapando.

¿Cómo dar ese paso definitivo hacia la verdad?

Sergi
Con el uso de la voluntad. Lo que ocurre es que no sabemos usarla.

Fíjate que cuando por la noche estamos sentados en nuestro sofá viendo nuestra serie preferida y nos entra sueño, no usamos la voluntad para irnos a dormir, sino que solemos decidir, por inercia, seguir viendo un capítulo más. 🙇🙇🙇

Melendi
¿Qué te pasó a ti?

En mi caso, no recuerdo haber decidido apagar el televisor. Directamente se me estropeó. 😅😅😅 Mi serie favorita desapareció y desperté a un mundo fuera de toda comprensión. 🙇

Si te fijas, suele haber una gran inercia a seguir viendo un capítulo más de nuestra serie preferida. Si lo trasladamos a la vida, representaría el apego a nuestra manera de ver las cosas, incluso a la manera de vernos a nosotros mismos.

A mí se me vino todo abajo, como una torre de naipes mal construida: mi concepción acerca de la vida, de los humanos, del amor, de las relaciones, de la sociedad, del éxito, de todo. 😵😵😵

De repente me di cuenta de que nunca había sabido quién era yo ni por qué estaba vivo. 😅😅😅

Seguro que tú has vivido algo similar en algún momento de tu vida, ¿verdad? Como mínimo darte cuenta de que en realidad nada tiene sentido de la manera en la que vivimos.

Melendi
No, a mí no me ocurrió así, nada se desvaneció ante mí, pero sí recuerdo que a los seis meses de trabajar con Joaquina Fernández, la terapeuta que me ayudó a abrir los ojos, me sucedió algo extraño. No tuve la sensación de comprender algo, sino que de repente veía las cosas de manera diferente.

Un día me tuve que meter en la cama y tenía una sensación de fiebre terrible. Tiritaba mucho, me puse el termómetro, pero no tenía fiebre. Nada tenía sentido y como buen hipocondríaco que soy, imagínate qué crisis. 😱😱😱

¿Qué me está pasando? 😱

Llamé a Joaquina y le pregunté. Ella me dijo que era normal, que no me preocupara y que lo disfrutara. «¡Tu cerebro llevaba demasiado tiempo apagado!», me dijo. 😅😅😅

Así que me dejé llevar, me metí en la cama y estuve casi nueve horas con esa sensación. 😂🤪

🎙️ Fue extraño porque no sé qué ni cómo, pero comprendí que algo había cambiado. Los siguientes días me di cuenta de que no estaba tan agitado como de costumbre. Noté que las cosas no me afectaban como antes. Las noticias de la televisión, los comentarios de las personas, etc. Me sentía mucho más consciente. Pero lo más significativo fue el espacio nuevo que apareció en mi cabeza. Esa distancia que se vuelve a abrir entre tú y tus pensamientos.

🎤 Lo que no logro entender es cómo tardé 35 años en tener esta experiencia. ¿Por qué no estudiamos en el colegio estas herramientas que podrían hacernos vivir de una manera mucho más sana, más productiva y sobre todo más feliz?

Sergi
Lo interesante de tener una experiencia de despertar a los 35 años no son los 35 años. 😬 Lo interesante está en tenerla. 😂😂😂

¡¡Por cierto!! La posibilidad de estudiar autoconocimiento en las escuelas es increíble. 🤩🤩🤩 Imagino niñas y niños aprendiendo que las emociones existen para ser sentidas y que la tristeza o el miedo no son emociones negativas. Los imagino aprendiendo a descubrir su propia manera de vivir y entender la vida. Los veo descubriendo todos sus talentos y aprendiendo cómo ofrecerlos de la manera más eficiente al resto de la sociedad. 😍

¿Te imaginas cómo es que alguien sepa leer o multiplicar pero no sepa por qué está vivo? ¿Te imaginas saber los ríos de España y no saber cómo sentir el miedo, la ira o la tristeza? ¿Te imaginas conocer los procesos metabólicos que acontecen dentro de una mitocondria y no saber afrontar la muerte de un ser querido? Raro, ¿verdad? 🤔🤔🤔

Melendi
Pues a mí el teorema de Pitágoras me ha salvado de más de una. 😂😂😂

Sergi

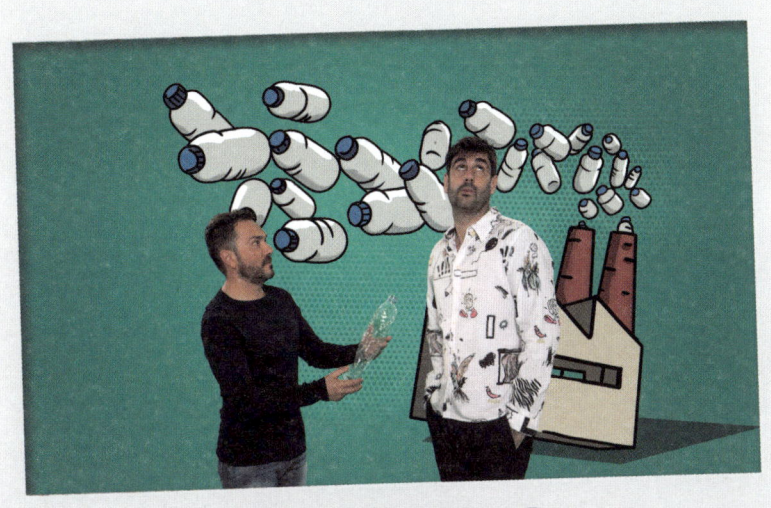

Capítulo 1
EL EFECTO GRETA
Nuestro amado planeta azul

El efecto Greta
Sergi Torres
Melendi

> **Melendi**
> ¡¡¡Felicidadeeeeeeees!!! 🎂

> **Sergi**
> ¡¡¡¡¡Graciaaaaassss!!!!!

> **Melendi**
> ¿¿¿Cuántos te caen???

> **Sergi**
> 45. 😅

> **Melendi**
> … ¡Hostia, qué mala rima!
>
> Enhorabuena…. ¡¡Ojalá llegues a la edad que aparentas!! 🤣🤣🤣

> **Sergi**
> 🤣🤣🤣🤣🤣🤣🤣🤣
> ¿Qué tal tú? ¿Todos bien?

> **Melendi**
> Sí, todos bien. Yo, un poco tocado. Ayer vi el documental *Yo soy Greta*.

Sergi
¿El de Greta Thunberg?

Melendi
Sí... Me mostró muchas cosas de mí. Fue como ver el mundo desde sus ojos. Greta es una niña que tiene síndrome de Asperger. Es brutal cómo se ve el mundo desde la perspectiva de una persona que realmente está comprometida con algo.

Al ver su documental, me di cuenta de que tenía prejuicios sobre esa niña. La típica niña pedante que se cree que va a cambiar el mundo.

Verla me producía dolor. Al no ver mis prejuicios, no era capaz de ver que ese dolor está en mí por no estar comprometido con su causa. 😐😐😐 Y porque no soy nada coherente con mi manera de vivir y con mi manera de actuar en este sentido. Y de repente aparece una niña y te lo muestra así, «pum». 👋👋

Tienes que ver el documental, Sergi. Es muy interesante. 😝😝😝

Sergi
Hecho. 👍👍👍

Melendi
Se percibe muy bien su frustración por no ser escuchada.

🎤 Hay un momento en el que va a las Naciones Unidas y en su discurso dice: «No entiendo por qué me habéis invitado». Incluso en un momento dado grita: «¿Hablamos el mismo idioma?, porque os he contado esto una y mil veces y no hacéis nada al respecto». Para terminar diciendo: «Creo que estaría bien que los seres humanos tuvieran un poquito de síndrome de Asperger».

Sergi
Gracias por compartirlo.

Melendi
Ese dolor que sentí yo creo que lo sienten muchas personas cuando les enseñan algo coherente y obvio. Saben que hay que dar una respuesta al respecto, pero no están haciendo nada por ello. Eso es lo que, a mi juicio, despierta Greta: amores y odios. 😍🤩

🎙️ Creo que esa joven es un agente de cambio importantísimo. Después del documental, la veo como Gandhi o Mandela. Una de esas personas que inician un movimiento que en su época parece no tener impacto, pero que con el tiempo se convierte en una referencia mundial para el cambio.

Greta lucha contra viento y marea. Tiene un objetivo claro y no acepta las palabras vacías que sabe que no llevan a la acción.

A sus padres se les ve preocupados por ella, mientras que algunos medios dicen que ellos son los que están detrás de su mensaje.

Nos venden ese concepto de ella, la «coletas», la niña manipulada que insulta a los políticos. A mí me dio la impresión de que Greta es mucho más que eso.

Sergi
¡Greta te sacudió! 😬😬😬

Cuando alguien propone un cambio en MAYÚSCULAS, no solo nos afecta en la manera de hacer sino también en la de ser.

De hecho, para que un cambio en el «hacer» tenga sentido, tiene que nacer del «ser». Lo que hacemos es un reflejo de cómo nos vemos a nosotros mismos.

Estamos tan habituados al «hacer» que para tocar al «ser» suele requerirse una gran sacudida. 😊

Seguramente por esta razón, personas como Greta o Gandhi son vistas por muchas otras personas como alguien molesto. De ahí el desprecio hacia ellos.

Greta me recuerda a muchos jóvenes y su pasión por el cambio.

Detrás de la aparente arrogancia que vemos en muchos jóvenes, también está la capacidad de transformar el mundo en el que vivimos.

Las nuevas generaciones están llamadas a transformar a sus antecesores.
Curiosamente, nuestra forma de vivir y de establecer nuestra sociedad impide ese espacio para la transformación que los jóvenes están llamados a aportar. 👦👦👦👦👦

Hoy en día los jóvenes no tienen voz en el mundo de los adultos. Entonces, aparece Greta, cuya voz se abre paso entre la apretada malla social, y se la percibe como alguien molesto. 😐😐😐

Melendi
🎤 Percibo en el documental, por parte de algunas organizaciones, la intención de acallarla. Y si soy honesto he de decir que también sentí cómo el sistema está diseñado para ridiculizar este tipo de comportamientos. Sin embargo, fue muy interesante ver en contraposición a estos mensajes el movimiento tan poderoso que genera en la gente joven: manifestaciones de cuarenta y cincuenta mil personas alrededor de todo el mundo.

En definitiva, y lo más importante, me hizo comprender que el dolor que sentía al verla, una vez más, mi querido Sergi, era mío. 🤯🤯🤯🤯

🎤 Cuando comprendes la causa por la que luchan estas personas, dejando a un lado tus prejuicios, puedes ver la gran admiración que despiertan. Es por eso por lo que pienso que la mayoría de los seres humanos seguimos a las personas comprometidas de verdad.

Sergi
¿Cómo transformas algo si detrás no hay esa coherencia ni ese compromiso ni esa inspiración que tú expresas?

Cuando lo que compartes es fruto de haberlo integrado y no simplemente de pensarlo o de querer que otros te escuchen, generas el efecto sacudida, el efecto Greta. 🤚🤚

🎤 Tiene que suceder un clic interno para comprender que hay otras maneras de hacer las cosas como seres humanos. Cuando ese clic ocurre, el compromiso y la coherencia de la que hablas empiezan a despertar. En ese momento, aquellos que están listos para recibir su propia sacudida te escuchan y te ven.

🎤 En una ocasión, navegando por internet, descubrí a Ric O'Barry, uno de los grandes activistas del momento y pionero en el entrenamiento de delfines en cautiverio durante los años setenta. Él fue el entrenador de Flipper; seguramente el delfín más conocido del planeta. Él mismo explica su «momento clic». Ric entrenaba a un grupo de delfines y dentro de ese grupo estaba Kathy, su delfín preferida.

🎤 Después de varios días percibiendo que esos delfines estaban tristes, empezó a preguntarse si tenía sentido tenerlos encerrados en un tanque de agua. Un día Kathy se acercó nadando hasta él y, según relata Ric, Kathy se suicidó en sus brazos. Mientras él la sujetaba, Kathy tomó aire por última vez y, al soltarla, vio cómo se hundía en el fondo del tanque. Al parecer los delfines tienen la capacidad de respirar conscientemente, así que pueden decidir dejar de hacerlo. Según Ric, esto es lo que Kathy hizo.

🎤 Al día siguiente fue detenido por tratar de liberar delfines. De la misma forma que él, antes de su clic, no podía entender la incoherencia de tener delfines en una pecera, ahora sus compañeros no podían entender su cambio de actitud.

Melendi
Ostras, ¡qué fuerte!

Me pregunto si hay peligro real en el deterioro del medioambiente o si esa preocupación es algo puramente egocéntrico del ser humano. Me refiero a querer cambiar algo que realmente no tenemos la capacidad de cambiar. ¿O sí?

Sergi
No tengo ni idea. 😅😅😅

Melendi
Yo tampoco. 🤣🤣🤣

Sergi
🎤 Estoy muy lejos de comprender los cambios que están sucediendo en este planeta. Responden a procesos de equilibrio planetario que seguramente nadie comprende todavía. Este hermoso mundo está buscando un equilibrio ante el desequilibrio que los seres humanos estamos produciendo. El planeta está buscando encontrar coherencia a la incoherencia humana.

Sí, sé que necesitamos una reflexión profunda. Darnos cuenta de que formamos parte de la naturaleza. ¡Somos naturaleza! Recordando esto recordaremos sus leyes y sus equilibrios. Solo el egoísmo se interpone en medio de esta posibilidad. Me temo que lo que está sucediendo en estos tiempos es nuestra tan necesaria sacudida. ¡Un clic a escala mundial! 🙌🙌🌍

Melendi
Mi mente solo ve esto de dos maneras. Una te lleva a creerte mejor persona y criticar a los que siguen sin darse cuenta del problema. 👦👦👦

Y la segunda es una voz que dice algo así como: «¿y yo qué voy a hacer? ¡No puedo hacer nada! No me gusta el mundo en el que vivo, pero no tengo el poder para cambiarlo». 🙇

🎤 Seguro que estas dos formas de verlo están equivocadas. Viendo el documental de Greta y las conclusiones a las que nos está llevando, es fácil para mí reconocer que todos somos vida: Greta, tú y yo y el que contamina. Entonces, pienso que «aquello» que nos ha mandado este virus, con el que hoy convivimos, también nos ha mandado un aliento de vida llamado Greta que nos está enseñando muchísimas cosas.

🎤 Como si la vida en sí estuviera orquestando cambios a través de nosotros. Sin que ni siquiera nos demos cuenta. Seguramente si algún día a mí me toca hacer algo al respecto, habrá una fuerza interior que me inspirará a hacerlo.

Yo pienso que el cambio se está produciendo queramos o no..., sí... o no..., ¡o qué sé yo! No tengo ni idea.

Sergi
¿Y tú crees que yo sí?

Melendi
Coño, arroja algo de luz, Morfeo. 😂😂😂😂😂

Sergi
😂😂😂😂😂😂

🎤 En una ocasión escuché en la radio a un antropólogo hablar sobre un estudio que decía lo siguiente: si sacáramos de la Tierra a los seres humanos, se calcula que en unos cincuenta años nuestro planeta pasaría a ser un paraíso. Luego añadió: si, en cambio, sacamos a los insectos, se calcula que en unos cincuenta años desaparecería la vida en nuestro amado planeta.

🎤 Entonces, si uno se detiene a mirar esto descubre algo muy interesante. Los seres humanos ya no tenemos una función meramente biológica en este planeta.

🎤 Sin humanos y sin nuestra manera de vivir, el planeta regresa a su equilibrio natural: un planeta generoso, dador de recursos para la supervivencia de todas sus formas de vida. Esto indica que los humanos estamos rompiendo el equilibrio natural. De hecho, el desequilibrio somos los propios seres humanos.

🎤 Esta desconexión con la vida nos lleva a un vacío existencial. Este no saber quiénes somos, dentro del conjunto de la vida, nos lleva a ser ignorantes. De la ignorancia nace nuestro ego. Y finalmente del ego surge «egolandia» con su consumismo como una de sus atracciones estrella.

¿Todavía no reciclas?

Melendi
Sí, sí, sí… 😘😒😒😒🥲🥲
¿Tú reciclas?

Sergi
Sí.

Melendi
Yo, en realidad, empecé a reciclar hoy. 😂😂😂

Sergi
¿En serio?

Melendi
En serio.

Sergi
¡Esto es una decisión posGreta! ¡La decisión posGreta! 😂😂😂

Melendi
Imagino que sí… ayer me sentí mal viendo el documental.

¡Pero, madre mía, esto de reciclar es una locura! Hay dieciocho mil bolsas diferentes. Hasta que no me lo aprenda, voy a flipar. 😵😵😵

He pedido en casa que nos pongamos las pilas con esto. He de reconocer que, hasta hoy, ni se me había pasado por la cabeza. Aunque parece que el dolor que sentí escuchando a Greta ya lo tenía ahí.

Creo que los jóvenes tienen más conciencia que nosotros en determinadas cosas. Quizá nosotros de pequeños no teníamos tan presente este problema medioambiental.

Sergi
Lo que te está sucediendo es un proceso de conciencia. Te has hecho consciente del dolor que esconde una forma de hacer las cosas. El documental tocó tu ser y eso está cambiando tu hacer.

En el momento en el que te atreves a sentir el dolor que pone de manifiesto el documental, ya no puedes no reciclar. Ni tan siquiera has tenido que decidirlo. La decisión ha ocurrido en ti. 🤩🤩🤩

Melendi
Si no llego a ver el documental, seguramente hubiera seguido muchos años con ese dolor ahí dentro. 🙍

Sergi
Ahí reside el verdadero poder del cambio humano, en ser conscientes. 🤩🤩🤩

Melendi
Pero siempre nos lo tiene que enseñar otro, ¿no? No es tan fácil. 🙍🙍🙍

Sergi
🎤 Si el documental se hubiera centrado en hacerte reciclar y enseñarte cómo y por qué hacerlo, no te hubiera calado tan hondo. Seguramente hubiera impactado solo en tu actitud ante el reciclaje. Sin ese calado profundo no hay transformación y sin transformación no hay cambio de actitud.

🎤 En este sentido, sí que es posible que exista alguien o algo que te lo enseñe. Pero eres tú, al abrirte a sentir el dolor, el que realmente permites tu transformación y tu posterior cambio de actitud. No es Greta quien te ha enseñado cómo vivir en coherencia con el planeta. Greta solo te ha puesto el dedo en la llaga, porque ella vive consciente de la suya, sin darle la espalda.

Por eso incomoda tanto a según quien la escucha, porque nos pone en contacto con el dolor de lo que estamos haciendo. 🎯🎯🎯🙇🙇🙇

🎤 Seguramente, la verdadera dificultad con la que se encuentra la gran mayoría de los activistas no es que no se les quiera escuchar. Seguramente sea que apenas nadie quiere sentir el dolor que sentimos al ver las realidades que ellos nos presentan. Por ejemplo, Open Arms y el rescate marítimo de personas que buscan llegar a nuestro país, curiosamente huyendo también de su dolor.

Melendi
Me ha encantado la charla, pero me llaman mis deberes.

Sergi
¡Nos vemos!

Capítulo 2
EL FUTURO QUE NOS ESPERA
Y el maestro del termómetro

El futuro que nos espera
Sergi Torres
Melendi

Sergi
¡Hola! ¿Cómo estás? ¿Integrando a Greta?

Melendi
Calla, calla, llevo toda la noche reciclando.

Sergi
😂😂😂😂😂😂

Melendi
Vaya futuro nos espera, ¿eh?

Sergi
¿Futuqué? ¿Qué es eso? 😅

Melendi
¿Cómo que qué es eso? 😳

Sergi
Me no entender futuro.

Melendi
Venga, Sergi, no empieces. 🙇

Sergi
Pero Neo, es que todo empieza y termina aquí en este instante.

Melendi
O sea, que según tú ¿el tiempo no existe?

Sergi
Esto es algo que no te puedo explicar.
😅😅😅😅😅😅

Melendi
☕☕☕☕☕☕
Pero es evidente que hay unos ciclos, una secuencia que se repite, ¿no? Día-noche. Invierno-verano. ¿No existen esos ciclos? 😐😐😐

Sergi
En realidad no.
Me voy a permitir ser radical, teniendo en cuenta que radical viene de la palabra raíz. Así que voy directo a la raíz de la cuestión.

Solo existe este instante. Aunque puedo recordar la conversación de ayer, en realidad, la recuerdo ahora.

Esos ciclos temporales que mencionas son una idea que está en tu cabeza y también en la mía.
😮😮😮

Si te permites el lujo de mirar el tiempo desde el presente, lo verás desde una perspectiva distinta.
Nuestra atención y nuestra consciencia solo existen ahora. Así que, si podemos mirar desde ahora el tiempo, veremos con claridad que la noche 🌙 es un concepto que está en nuestra cabeza, es un recuerdo del pasado que proyectamos en el futuro. Pero solo existe esto que está sucediendo ahora.

Melendi
Pero noche y día son ciclos que se repiten. Y que el tiempo no exista a un nivel más profundo no quita que existan ciclos. Tú dices que ahora no existe la noche, pero yo te prometo que esta noche te voy a llamar para que veas que sí existe.

Sergi
En caso de que eso suceda… Será de noche y no de día, de modo que «día» será una idea en tu cabeza y los ciclos también. 😂😂😂😂

Melendi
¡Ñiñiñiñiñi! Tú, si no ganas, empatas, ¿eh?

Sergi
😂😂😂😂

🎙️ El tiempo es un acuerdo, en realidad. Y la manera que tenemos de percibirlo nos lleva a generar otros acuerdos: noche-día, tarde-temprano, pasado-futuro. Todo eso nos sirve para comprender y organizar nuestra manera de ver el tiempo y vivir la vida.

Melendi
Pero tú y yo AYER quedamos en que HOY nos encontraríamos a las 11:00 de la MAÑANA.
¿Tú no piensas en el FUTURO para llegar a tiempo en el FUTURO? ¿O eres una especie de despertador humano que sientes como una pequeña descarga eléctrica que te avisa a las once menos un minuto: «Uy, tengo que hablar con Melen»?

Sergi
Claro que no. 😂😂😂😂
Yo también percibo el tiempo como tú. Pero percibirlo o medirlo con relojes no significa que exista, desde la perspectiva del presente, ¡claro!

Melendi
Tú percibes el tiempo pasar, sin embargo no crees en esa percepción de tiempo. ¿Cómo haces para ver el tiempo de esta manera y a la vez vivir dentro de nuestra forma de ver el tiempo?

Sergi
De igual manera que percibo que el planeta Tierra es plano y sabiendo que mi percepción quizá esté equivocada. 👉🌍👈

Yo recuerdo que tú y yo hemos empezado esta conversación hace más de media hora. Pero ¿cuándo recuerdo yo haber empezado a chatear contigo? ¡AHORA! 🙀🙀🙀

Y ¿cuándo construyo esta sensación de media hora? AHORA. 😂😂😂😂
Mi sensación de tiempo la construyo AHORA.

Melendi
¿Y nuestros pensamientos presentes? Porque esos sí que modifican nuestro futuro, ¿no?

Sergi
En realidad no, pero, cómo te cuento esto… 😂

Melendi
🤦 Pero y entonces, ¿qué pasa con nuestros anhelos y nuestros planes de futuro?

Yo hago lo que hago hoy en día debido a la dedicación y a la ilusión tan grande que tuve desde el principio. Así que si vemos el futuro como lo ve la gran mayoría, el futuro sí está condicionado por el pasado.

Sergi
Si tratamos de conceptualizarlo y de verlo como lo ve la mayoría de las personas, sí, sin duda es como tú lo dices.

Pero si te abres a cuestionar la concepción del tiempo a la que estamos tan acostumbrados, verás que solo puedes vivir ahora.

Si ahora planificamos que nos vamos a encontrar otro día para seguir conversando, estos planes los hacemos ahora. 😬

No está reñido planificar para un futuro cuando sabes que estás planificando en el presente. Porque sea lo que sea que planees, para que llegue a suceder tiene que convertirse en presente. Así que quizá estemos planificando el presente y no el futuro. 🤣🤣🤣🤣

Melendi
OK, entonces, ¿cómo podríamos transformarnos si no tuviéramos la retrospectiva del pasado que nos enseña lo que necesitamos mejorar de nosotros? 🧍🧍🧍

Caeríamos una y otra vez en el mismo error. Y la retrospectiva también es un concepto temporal, ¿no?

Sergi
A menudo, usar las referencias pasadas, ni que sea con muy buena intención, es lo que nos lleva a repetir una y otra vez los mismos errores. 😬

Te pongo un ejemplo que es tan tonto como esclarecedor. Imagínate que tu pareja te deja por otra persona, y al cabo de un tiempo empiezas una nueva relación. Al empezar esta nueva relación miras el pasado y te dices: «esta vez no me va a pasar, voy a hacer que se sienta muy querida». Entonces estás tan encima de tu pareja actual que se cansa y te deja por otra persona. 😬😂😂😂😂

Nuestro pasado no es la salida, el presente sí lo es.

¿Te has fijado que solo nos interesan las referencias del pasado y los objetivos del futuro?

¿Te imaginas tener el presente como referencia y como objetivo? Cuánto potencial, ¿verdad?

Viviríamos los duelos de una forma mucho más natural y rápida, y nuestros resentimientos se apaciguarían mucho antes, y los conflictos servirían para madurar y no para echárnoslos en cara.

En el presente se vive el sufrimiento o la desconfianza, por ejemplo, con mucha intensidad, pero sin revolcarte el resto de tu vida en ello.

Melendi
La manera de pensar correcta, entonces, ¿es la de los niños?

Sergi
Tú tienes hijas pequeñas, seguro que han visto más de doscientas veces *Frozen*. 😂😂😂😂

¿Verdad que cada vez que la vuelven a ver parece que la ven por primera vez? Sin embargo, haberla visto más veces les permite conocerse las canciones y cantar junto a Ana, Elsa y el resto de personajes.

Ahí ellas están usando las referencias del pasado para disfrutar del presente.

Melendi
O sea, es como cuando lees un libro 5 veces y siempre te encuentras algo diferente, ¿no?

Sergi
Exactamente.

Melendi
¿Depende de cómo lo leas?

Sergi
Exactamente.

Melendi
¿Es una cuestión de actitud todo?

Sergi
De atención, más que de actitud. 😊

Melendi
Pero necesitas tener una actitud para estar dispuesto a atender.

Sergi
En realidad, de voluntad; la voluntad de atender al presente.

Al fin y al cabo, no estamos nunca en ningún otro momento que no sea presente, ¿verdad? Por más que recordemos algo o planeemos algo siempre recordamos y planeamos en el presente.

Entonces, se trata solo de vivir este instante.

Melendi
Un segundo, que me saco el termómetro.

Sergi
¿Te estás tomando la temperatura? 🥴

Melendi
Sí. 😬

Sergi
Fíjate si es importante el presente que ahora, sin saber si tienes fiebre, acabas de tomar una decisión en este mismo instante.

Melendi
¿Qué decisión?

Sergi
Has decidido cómo sentirte en función de la temperatura que marque.

Melendi
Hombre, claro. ¡Cómo lo sabes…, rey! 😂😂😂😂

Si tengo fiebre, me voy directamente a la clínica Navarra y me ingresan. Me harían un escáner de pulmón, ¡ya! 😂😂😂😂
Por si acaso… 😂😂😂😂

Sergi
🙇😂😂😂😂

Lo curioso es que, cuando veas la temperatura, puede parecer que te vas a sentir como te vas a sentir debido a la temperatura, pero en realidad no se debe a ella. 😂😂😂😂

Es debido al significado que tú ya le estás dando AHORA. Tú ya estás pensando: si sale 36 y pico, bien, pero si sale 37 y pico o 38, escáner de pulmón. 😂😂😂😂

Melendi
38, muerte. 🪦💀😂😂😂
Si sale 38, verás como mi atención deja de atenderte. 😂😂😂😂

Sergi
No importa, seguirás atento al presente. 🤐🤐🤐
¿Cuántos grados marca?

Melendi
36,4. ¡Estamos de la hostia!
Eres un tío afortunado, la vida te quiere, podemos seguir chateando un rato más. 😂😂😂😂

Sergi
😂😂😂😂 Ahora, desde este instante, se ve claramente cómo el pensamiento que te llevó a tomarte la temperatura por si te estabas muriendo no tiene ningún sentido. Ahora es muy obvio, ¿verdad?

Melendi
Es obvio para ti, cabrón.

Sergi
😂😂😂😂
Aquí no estamos teorizando, o es obvio o no lo es.

Melendi
Sí. Mi problema es que entiendo lo que dices. 😂😂😂😂

Sergi
Lo valioso de esta situación en la que estamos es darte cuenta de que el pensamiento «si tengo fiebre, puedo morir» no tiene sentido. Entonces puedes cuestionar el pensamiento que te ha llevado a tomarte la temperatura. 😬😬😬😬

Melendi
¿Qué pensamiento era?

Sergi
No lo sé, ¡tú sabrás! 😂😂😂

Solo sé que está basado en el miedo a la enfermedad y no en la curiosidad de saber la temperatura. 😂😂😂😂
Una cosa es la curiosidad y la otra es el miedo.

Melendi
🎤 Sí, sí, el miedo a enfermar, al sufrimiento, a qué será de mis hijos, a no sé qué cuántas otras cosas. Tengo miedo a perder todo lo que he construido. De joven no era tan hipocondríaco, porque no tenía nada que perder. Vivía muchísimo más el presente, y pensaba muchísimo menos en el futuro.

Sergi
Tu miedo no es debido a perder lo que tienes, sino al significado que tú le das a lo que tienes.

Melendi
¿No es debido a perderlo? 🤔🤔🤔

Sergi
Cuando algo no tiene significado para ti, no tienes miedo a perderlo.

Melendi
Entonces, si no diera significado a las cosas, sería libre, sería un ser divino.

Sergi
Ya lo eres. 😂😂😂

Melendi
Nunca me lo habían dicho así. 😂😂😂😂
Me lo había dicho algún fan, pero…

Sergi
😂😂😂😂

Melendi
Son brutales estas charlas para mí, Sergi. Son de una gran confrontación.

Sergi
Para mí también.

Melendi
Y luego salgo de aquí y vuelvo a lo de siempre. 😂😂😂😂

Sergi
Pero eso es divertido, eso no es opuesto a lo que estamos haciendo aquí.

Melendi
Es la idea que yo le doy lo que es opuesto.

Sergi
¡¡¡Eso es!!! 😁👏👏👏👏

A mí me fascina todo lo que expresas. A menudo es un mundo muy lejano al mío, y tenerlo enfrente es muy enriquecedor. Me permite ver desde otra perspectiva.

¿Has visto la entrevista de Jordi Évole a Pau Donés? 😍

Melendi
Sí, la vi el domingo con mi mujer. Y ¡buah!

Sergi
Hablaba de su futuro sin soltar ni un ápice su experiencia presente.

Melendi
¿Viste ese momento en el que está sentado en una piedra y respira y hace: «aaaahhhhhh»? Estaba a pocos días de morir y se sentía feliz solo con respirar el aire de la montaña.

Sergi
¡Completamente vivo! Qué paradoja tan desafiante, ¿verdad?

Melendi
Totalmente.

Lo único que no me permite vivir como él es el miedo.

Sergi
No te preocupes por eso. Cuando descubres su naturaleza se transforma. Pero mientras luchas contra el miedo no puedes ver su naturaleza de espejismo.

Melendi
¿A qué te refieres con la naturaleza del miedo? ¿A su raíz?

Sergi
Eso es. Vemos los efectos de sentir miedo, pero no vemos que el miedo, en la mayoría de las ocasiones, es una imaginación.

Tú eres un maestro de la hipocondría y no te das cuenta. Tú la conoces mucho mejor que yo. Conoces sus matices a la perfección.

Por ello, tienes la capacidad de ayudar a muchas personas que sufren por lo mismo.

Pero no puedes verlo porque estás en lucha con la hipocondría y eso no te permite llegar a su raíz.

Melendi
Para ayudar a otros, primero tendré que salir de ella, ¿no?

Tengo un cacao mental brutal. Seguro que ahora sí que tengo fiebre. Me arde la cabeza. 😂😂😂

Sergi
😂😂😂😂
¿Te has vuelto a poner el termómetro?

Melendi
Sí.

Sergi
😂😂😂😂
Vamos a ver, vamos a ver, ¡qué emoción…!
😂😂😂😂
¡Qué conversación tan emocionante! ¿Tendrás fiebre ahora? 🥁🥁🥁🥁🥁

Melendi
😂😂😂😂

Sergi
Melendi tomándose la temperatura, toma dos. ¿Qué nos depara el futuro?

Melendi
😂😂😂😂
No puedo evitarlo, tío. 😂😂😂😂

¡¡¡Es terrible!!! 😂😂😂
¿Qué hacer cuando uno se da cuenta de que no tiene sentido lo que hace pero sigue haciéndolo?

Sergi
Cada vez que te pones el termómetro, a mí me parece entrañable. Pero claro está que yo no lo estoy sufriendo.

> ¿Qué temperatura tienes?

Melendi
La misma, 36,4.
😂😂😂😂

Sergi
😂😂😂😂
Te has vuelto a poner el termómetro y, sin embargo, seguimos estando en el presente.

Melendi
Me ha empezado a doler la cabeza. Una pregunta, ¿lo que te vaya a pasar tiene que ver con tus actos o no tiene nada que ver?

Sergi
Tiene que ver con cómo tú decides interpretar lo que sucede.

Melendi
Una enfermedad que vaya a padecer en el futuro, ¿tiene algo que ver con mis actos o ya está escrita?

Sergi
No lo sé. Pero sea como sea, va a terminar siendo como tú la interpretes en ese momento.

Las causas del presente no vienen del pasado, vienen del presente, cuando interpretas lo que sucede ahora.

Melendi
Sí.

Sergi
Vivimos obsesionados con estar mejor, sin atrevernos a vivir plenamente la vida presente.

¿Cómo podemos estar más vivos en este instante si este instante es el único que existe y ya está repleto de vida? 😂😂😂😂

Melendi
Pero yo veo un futuro inmediato. Dentro de unos minutos, cuando termine de chatear contigo, me reuniré con mis representantes.

Sergi
🎤 Es cierto que parece que ves ese futuro, pero si lo miras atentamente, verás que en realidad no lo ves como si estuvieras viendo algo que existe, sino que te lo estás imaginando.

Ahora mismo no es futuro, es una idea en tu cabeza. 😂😂😂

Nos creemos que esa idea es el futuro, pero cuando ese supuesto futuro llega, resulta que es presente. 😝😝😝

Cuando tú estés con tus representantes no va a ser futuro, va a ser presente, y vas a estar en el momento de máxima vida, te des cuenta de ello o no.

Estés firmando un contrato o no lo estés firmando, va a ser un momento de máxima vida, sí o sí.

🎙️ La vida se transforma desde el presente, no desde el futuro. Por eso es importante darnos cuenta de que ahora no hay mejor versión que esta, para poder vivirla y tomar nuevas decisiones.

Melendi
Sí que habría una versión mejor.

Sergi
¿Mientras está sucediendo lo que sucede?

Melendi
Por supuesto.

Sergi
¿Cuál?

Melendi
Un cero más en el contrato.

Sergi
¿Mientras está sucediendo un cero menos en el contrato?

Melendi
Un cero más en el contrato.

Sergi
😂😂😂😂

Melendi
Era una broma. 😋😂😂😂😂

Sergi
¿Dónde queda el termómetro ahora? 🤦🤦🤦🤦

Melendi
🤦🤦🤦🤦🤦

Sergi
Desde tu perspectiva, tu satisfacción y tu felicidad pasan a depender de un cero o de cualquier otra cosa.

Lo que propongo es que veamos que esa felicidad ya está allí antes de que ese nuevo cero aparezca en el contrato.

Melendi
Sí, sí, es una cuestión de actitud ante la vida.

Si yo decido ser un personaje inconformista e hipocondríaco, que nunca tiene suficiente y que además alimenta su sufrimiento, pues tendré ese resultado sin importar los ceros en el contrato. 😬😬😬

Pero si en realidad no soy ese personaje, ¿por qué lo hago? No tiene sentido. Voy a firmar un contrato que puede ser absolutamente increíble y seguramente voy a sentir que no es suficiente.

Sergi
Porque lanzamos al futuro nuestras ilusiones presentes, nuestras esperanzas presentes y nuestros miedos presentes.

Melendi
Por eso mi miedo a no poder girar.

Sergi
¿A ir de gira, te refieres?

Melendi
Sí, y ese es mi mayor sustento.

Con esta situación actual de la COVID, estoy parado, y no puedo hacer conciertos.

Sergi
Está claro que son tiempos de cambio.

Melendi
Cambiando las interpretaciones.

Sergi
Sí, abriéndonos a otra manera de vivir, que esté centrada en la vida, en el presente.

Melendi
Gracias, Sergi, tengo que irme. Ya están aquí mis representantes.
I love you, man…

Sergi
Me ha encantado conversar contigo, maestro.

Melendi
¡Maestro del termómetro!
😂😂😂😂😂😂
Me voy a comprar otro porque este no funciona.

Sergi
😂😂😂😂😂😂

Capítulo 3

LA FAMA
La jaula de oro
y el verdadero éxito

La fama
Sergi Torres
Melendi

Sergi
Acabo de ver que tienes más de un millón de seguidores en Instagram.

Melendi
Sí, ¡solo me falta el Grammy! 😂😂😂😂, pero no me importa… 😬😬😬😬

Sergi
Qué interesante. ¿Te molesta no tener un Grammy? 😬😬😬

Melendi
🎤 Durante una época de mi vida pasada me perturbaba, porque no entendía lo que es realmente el éxito, lo confundía con la fama. No entendía que el verdadeo éxito es hacer lo que te gusta sin estar condicionado por el resultado. La fama, en mi caso, solo es una consecuencia de ese verdadero éxito.

Sergi
El día que fuimos a cenar juntos con Julia y Sara me sorprendió la cantidad de personas que te saludan y te piden una selfi o un autógrafo ¿Qué tal llevas eso de la fama?

Melendi
¡¡Uau!!... 🙇 Me he sorprendido al ver que estaba pensando en contestarte lo mismo que le contestaría a un periodista. 😂😂😂😂 En realidad, me resulta más complejo de cómo suelo resumirlo.

🎤 Siento que la fama puede llegar a ser una jaula de oro. Y no me malinterpretes, ni el oro es el vil metal ni la jaula son los fans. Para mí el oro es disfrutar de hacer lo que amas, y la jaula es en lo que se puede terminar convirtiendo ese oro cuando cambias el foco y pierdes la perspectiva de las cosas.

Vivimos en una época, sobre todo con el *boom* de las redes sociales, en la que se está convirtiendo en algo normal buscar la fama fácil, los *likes*. Menos mal que a mí me ha pillado muy mayor. ¡Con los complejos que yo tenía de joven! ¡Uf!, no quiero ni pensar cómo lo hubiera vivido yo. 🙈🙈🙈🙈

Si detrás de esa búsqueda no hay nada real que te apasione hacer, tu vida puede convertirse en una vida frustrante.

¿Qué opinas, Sergi, de toda esta tendencia?

Sergi
No tengo opinión. Pero sí me llama la atención porque pone de manifiesto la confusión en la que vivimos hoy en día.

Vivimos tan confundidos que, en lugar de dedicarnos a conocernos a nosotros mismos, nos dedicamos a emplear todo aquello que podemos para llegar a «ser alguien». 👉🙍

Buscamos que otros nos vean y nos reconozcan porque nosotros no nos reconocemos a nosotros mismos. 😬😬😬 No nos sentimos suficiente.

Melendi
¿Cómo deberíamos reconocernos? O, mejor dicho, ¿cómo qué debiéramos reconocernos? 🙇

Sergi
¿Te has dado cuenta de que tú eres Melendi músico 🎸, y Melendi papá 👨‍👦, y Melendi marido 👫, y Melendi amigo 👬👬👭, y Melendi ciudadano español 🇪🇸?

Melendi
Sí.

Sergi
Bien, pues ese Melendi esconde a quien tú eres en verdad. 💥

Observa: si hubieras nacido en Brasil 👉🇧🇷, si te hubieras dedicado al fútbol 👉⚽ y si no hubieras conocido a tus parejas 👉💁, serías otro Melendi. Pero en el fondo, debajo de esas dos versiones de Melendi, estás tú.

Lo que suele suceder es que nos identificamos con la versión que estamos siendo, como si fuera un disfraz, y perdemos de vista al disfrazado. 😂

Melendi
¿En cualquiera de esas dos opciones 1️⃣🇧🇷⚽, 2️⃣🇪🇸🎸, sería el mismo ser?

Sergi
Así es. El ser que nace en este mundo, el original y genuino «TÚ». 👉💥👉😉

Melendi
¿Cómo podría llegar a desaprender lo suficiente como para poder percibir con más claridad ese yo genuino, sin que interfieran todas esas etiquetas que me he creído que soy? Aunque solo sea por un momento, ¡qué descanso sería!, oye. 😫

Sergi
Reconociendo el disfraz y descubriendo también los momentos en los que el disfraz desaparece por arte de magia. Estoy seguro de que reconoces que cuando estás entregado a tus hijos o en medio de un concierto o creando una melodía frente al piano, ese instante no contiene disfraz, es pura presencia. 👉💥👉

Sigues siendo padre y músico, pero no escribes para ser famoso, ni estás buscando que tus hijos piensen que eres el mejor padre del mundo.

De hecho, por lo que veo, tú ya eres muy consciente de tu personaje. ¿A ver si vas a ser tú mi gurú? 😵😂

Melendi
Pensaba que eso ya lo tenías claro. 😂😂😂😂

Sergi
😂😂😂😂

Melendi
😂😂😂😂

🎙️ He visto muchas cosas de mí. Algunas... duras. Otras, no tanto, porque entiendo que están provocadas por mensajes que, inconscientemente o no tan inconscientemente, lanza la sociedad. Por ejemplo: para ser auténtico, en alguna medida tienes que renunciar al dinero. Me explico. Es un ejemplo un poco bruto, pero se entiende perfectamente: para ser espiritual no puedes tener un Ferrari.

Eso me ha provocado, durante mucho tiempo, una inconsciente lucha interna.

Sergi
Ser espiritual también es un disfraz, un personaje más de esta obra de teatro.

Melendi
Lo sé, pero justo ahí estaba mi conflicto. No en la espiritualidad, sino en la autenticidad.

🎤 Cuando te dedicas a crear algo con el fin de que lo escuchen otras personas, como yo cuando me siento a componer una canción, parte importante de mi proceso creativo, y una de las que más disfruto, es visualizarlas coreando el estribillo que estoy cocinando en ese momento. Eso me ayuda muchísimo a reconocer que lo que yo estoy sintiendo es lo que ellas pueden llegar a sentir cuando escuchen la canción.

Sin embargo, uno de los mensajes que la sociedad repite es que cuando un estribillo llega a muchas personas es menos auténtico, e incluso se le tacha de manufacturado.

Eso durante un tiempo me hizo daño, hasta que recordé que esa es la manera que yo tengo de entender la música. No es ni mejor ni peor que otra, simplemente es en la que yo desaparezco. ✨✨✨

Sergi
¿Y ves el efecto de esos estribillos?

Melendi
Sí.

Sergi
¡Uau! Interesante…
😨😨😨😨

Melendi
Ver a la gente abrazarse, mirarse con complicidad, besarse y cantarse al oído ese estribillo que yo disfruté tanto al hacer es una de las cosas más bonitas que me ha regalado la vida. 😃

Momentos como esos son los que dan sentido a lo que hago.

Sergi
¿Tú te has dado cuenta de que estás al servicio de la música?

Melendi
¿Al servicio de la música? 😐😐😐 Nunca lo había visto así. 🙇

Sergi
Todos los músicos están al servicio de la música, también aquellos que no se dan cuenta, incluso aquellos que solo buscan la fama.

Melendi
O sea, que soy un farsante, como sospechaba. 🙈😂😂😂

Sergi
😂😂😂

Tú has dado un giro a tu música, ¿cierto? 😊

Melendi
Sí.

Sergi
¿De dónde nació ese giro?

Melendi
No sé de dónde vino. Pienso que fue un ejercicio de coherencia.

Sergi
Viste que lo que habías estado componiendo ya no te llenaba, ¿cierto? 😊

Melendi
Cierto.

Sergi
Eso es un acercamiento de tu música a algo más interno e íntimo en ti.
Tu música ahora no solo cuenta historias, también abre puertas. 😃😃😃

Melendi
No sé si abre puertas, pero me siento feliz haciendo lo que hago. Y eso no quiere decir que reniegue de las canciones de mis primeros discos. No considero que fueran peores, sino consecuencia de las creencias que tenía en ese momento.

Sergi
¡Exacto! Acercar la música a tu alma es más coherente, pero no es mejor que acercarla a tu ego.

Melendi
¿Crees que con este movimiento interno que hice estoy acercando la música a mi alma? 😳😳😳

Sergi
Sin duda, pero eso no significa que sea mejor, significa que es más auténtica.
¡*Hey*, pero más auténtica tampoco significa que sea mejor! 😂😂😂

🎤 Es como si un barítono cantara en el registro de un tenor. ¿Es malo? No. ¿Es peor? No. Cuando el barítono está al servicio de su tono, su canto es más coherente. Cuando, en cambio, se esfuerza por llegar al tono de un tenor, uno deja de disfrutar.

Aunque los que suelen llevarse la fama son los tenores. 😂😉
No recuerdo un disco titulado «Los tres barítonos». 🙍💿💿💿

Tú estás al servicio de la música y no al servicio de la fama, por eso te atreviste a dar ese giro. Cuando pones tu música al servicio de la fama, dejas de disfrutarla.

Melendi
OK, el tenor es la abeja reina, el barítono la abeja obrera y Melendi es el zángano. 🐝

Sergi
💿💿💿💿💿💿💿

Melendi
Este ha sido mi aprendizaje de hoy. 😥 ¡Muchas gracias, Sergi! 😐 ¿Qué haría yo sin ti? 😂😂😂

Sergi
🤭🤭🤭😂😂😂

Estamos al servicio de la vida. La búsqueda de la fama aparece cuando uno se pone al servicio de su ego. Pero la fama de por sí no es un problema.

Conozco los miedos que cruzaste y que sigues cruzando al dar este giro a tu música. Este giro la hace más viva. 😊😊

Ahí es cuando la fama aparece como algo que se suma a tu autenticidad y no como algo que la opaca.

Melendi
¿Conoces bien esos miedos?

Sergi
Yo también tuve que cruzarlos.

Melendi
Para mí fueron una salida del armario en toda regla.

Sergi
¿A qué te refieres?

Melendi
Es una historia muy larga, ¿tienes tiempo? ⏱️

Sergi
Sí, sí, dale.

Melendi

🎤 Muchos pueden pensar, cuando hablamos del Melendi personaje, que estamos hablando de un Melendi al que el mundo de la música le sobrepasó. Sin embargo, el personaje se construyó mucho antes de ese Melendi. De hecho, si miro mi vida en retrospectiva, me doy cuenta de que ese Melendi cantante solo es una consecuencia del personaje que construí en mi adolescencia. Un personaje un tanto turbio al que no le importaba nada ni nadie, solamente disfrutar.

🎤 Es muy obvio, si repasas con atención todos mis discos, que ese personaje se va disolviendo con el tiempo. Solo tienes que escuchar mi voz. Detrás de ese tono «amacarrado» yo escondía mi miedo a mostrar mi sensibilidad, algo que para mí era completamente inadecuado y que además lo asociaba a debilidad. Esta simple creencia, y quizá absurda para la mayoría de las personas, marcó toda mi vida.

¿Qué pasa entonces? ¿Por qué te digo que es una salida del armario? Pues porque, por suerte, con ese personaje saco mi primer disco y vendo más de medio millón de ejemplares. 🤯🤯🤯🤯

¿Te imaginas el miedo que me entró cuando empecé a darme cuenta de que yo no era ese personaje? 😱😱😱

🎤 Si ya te cuesta a veces sostener una mentira piadosa delante de tu madre, imagínate cómo te sientes cuando piensas que le has mentido a medio millón de personas y te lo han comprado.

> Hoy entiendo que yo no mentía y que todo esto solo esconde un aprendizaje más. Pero yo en aquel momento lo viví así.

> ¡Fue tremendo! 😱😱😱 Ahí sí que pasé una etapa de muchísimo miedo.

> Podemos decir que, en mi caso, cuanta más melodía y menos ronquera, menos miedo. Pues en esa ronquera yo escondía lo que no quería que vieran de mí.

> Algunos dirán que sigo cagado de miedo. 💩💩💩

Sergi
¿Cómo reaccionó el público? ¿Notaron ese cambio?

Melendi
Uiiixxxxx, evidentemente que lo notaron. Solo nos engañamos a nosotros mismos. De hecho, uno de los comentarios más recurrentes en YouTube, aún a día de hoy, es: «Melendi, ¡vuelve a los porros, ya no molas!». 👦💩💩💩

Sergi
🤭💩💩💩
¿Te duelen esos comentarios?

Melendi
Al principio reconozco que esos comentarios impactaban en mí. Hoy entiendo que era porque yo todavía no había pasado página del todo. Ahora, aunque siguen ahí, ya ni los veo.

Leo: «¡Vuelve a fumar, tío!, que has perdido toda tu esencia» 🫢🫢🫢 y pienso que tienen razón. 😂😂😂

La esencia de ese personaje, sin duda, ya se perdió. Y entiendo que hay personas que lo echan de menos.

Otras personas, sin embargo, han aparecido y entienden mi proceso y conectan con él. Ahora entiendo cómo funciona y lo acepto, pero he pasado mucho miedo.

Hemos hablado de la fama, pero ¿y el éxito? ¿El éxito qué es para ti?

Sergi
¿Te has fijado en este instante que estamos compartiendo ahora? 🤩🤩
Estamos compartiendo el momento más exitoso de toda nuestra vida. ¡Es el único instante vivo! 😆😆😆
El éxito en la vida es la propia vida 😍😍😍, pero no solemos verlo así. 😅😬😬😬

Es una lástima que, mientras la vida nos toca hasta la médula, a nosotros nos hipnotice un futuro exitoso imaginario. 😐😐😐

Melendi
Cierto. Perseguimos un éxito que no podemos disfrutar en realidad. Es la zanahoria delante del burro. 🥕🪢⬅️🫏💨

El éxito, para mí, es hacer lo que me gusta. Por ejemplo, sentarme delante del piano y desaparecer durante horas buscando una melodía. 🥹🥹🥹

Sergi
¡Qué momento de éxito tan bello! 🤩
¿Recuerdas cómo llegó la música a tu vida? 🎸

Melendi
Sí, me acuerdo perfectamente.

Sergi
Pues ese instante ya era un instante de éxito, y no había medio millón de discos vendidos. 😬😬😬😬

¿Qué hay más exitoso que un instante que transforma tu vida?

Melendi
Había una ilusión brutal.

Sergi
¿Qué hay más exitoso que eso?
☺️☺️☺️☺️

Melendi
Tienes razón. Fue un momento muy importante. Atravesaba una época de mucha confusión y no sabía qué hacer con mi vida. Y de repente, ¡bum! Apareció una guitarra que agarré como si fuera un salvavidas en medio del océano.

Sergi
¿Y qué sucedió a partir de ahí?

Melendi
🎤 Estuve unos seis meses tocando desde que me levantaba hasta que me acostaba. Recuerdo que bajaba a un sitio cerca de mi casa para hacer fotocopias de canciones de grupos como Duncan Dhu, Jarabe de Palo y Los Secretos, para cantarlas en casa. Hasta que aprendí unos cinco o seis acordes que pude tocar con fluidez. Con esos cinco o seis acordes, nace mi primer disco.

¡Nadie hizo más con menos! 😅😅😅😅

Sergi
¡Eso sí es éxito! 😂😂😂😂

Melendi
Tenía muchísima ilusión, pero era malísimo como músico. 😂😂😂😂

Y ahora me planteo, ¿qué papel ha jugado la suerte? Porque veo a otros músicos con más talento que yo y que no los escuchan tantas personas.

Sergi
¿Cómo explicarías el paso del momento salvavidas al de cantar a millones de personas, sin hablar de esta invención humana llamada suerte?

Melendi
Honestamente, ¿lo que yo pienso...? 🤔

🎤 Pienso que hay una fuerza dentro de nosotros que se desata cuando crees en algo. No lo sé, pero desde el mismo momento en que me salieron las primeras canciones, algo dentro de mí ya sabía que iba a llegar a donde estoy hoy.

🎤 Puede ser inocencia, puede ser ilusión, puede ser lo que sea, pero yo estaba seguro. Y no hablo de pensamientos positivos, ni de la ley de la atracción, ni nada de eso, hablo de una certeza inocente que sentí.

🎤 Y eso no quita los tres años de mierda que viví en Madrid, pero no tenía ninguna duda. Creo que estos hilos invisibles que existen en la vida han hecho que pasaran cosas muy curiosas. Sin ir más lejos, mi historia con Javier Valiño. Una de las personas más importantes de mi vida.

¿Te la cuento?

Sergi
¡Claro!

Melendi
Yo tenía veinte años y de noche trabajaba en un bar que se llamaba El Chaquetón. Una de esas noches, a la hora de cerrar, tenía tal borrachera que no fui capaz de reponer las neveras. 🙆🙆🙆 Así que fui al bar a la mañana siguiente para terminar de reponerlas.

Al llegar al bar me encontré a Javier Valiño haciéndole una prueba a un chico llamado Pablo Moro, muy amigo del dueño y mío también.

> Yo me pongo a repostar las neveras mientras escucho a Pablo cantar y, en un *impasse*, mientras ellos hablan, yo no sé por qué, de repente le digo a Javier: «yo también toco». 😂😂😂😂

Sergi
😂😂😂😂

> **Melendi**
> Pero con una voz supermacarra, Sergi. «Yo también toco, tronco.» «Pero soy menos romántico, ¿sabes?» 😂😂😂😂

> Le canté tres canciones que para mí eran las perlas de mi repertorio «Sin noticias de Holanda», «El informe del forense» y «Vuelvo a traficar». ¡Chúpate esa! 😂😂😂😂🏋

> La de «Vuelvo a traficar» decía: «Y aunque los burros siempre vuelen y los camellos se ahoguen en el mar, la vida es demasiado bella para perderla en trabajar». 😂😂😂😂 🙈🙈🙈 ¡Mátame, camión! 🚛

Sergi
😂😂😂😂

> **Melendi**
> A Javier se le cambió la cara. Se volvió loco y me dijo: «Tengo que hablar primero con mi socio, pero mañana tienes una oferta». Y así fue. A la mañana siguiente, Javier me llamó y quedamos para comer en un Telepizza. 🍕🍩🍩🍩 Y allí mismo firmamos un precontrato.

🎤 Esto fue a finales de noviembre, y a finales de enero aproveché un viaje que tenía que hacer a Madrid mi tío, que trabajaba con un camión. Llegamos al polígono donde él tenía que dejar la mercancía; Javier ya me estaba esperando allí. De camino a su casa me dijo que sería interesante que tuviéramos terminadas las canciones para el disco en un plazo no superior a seis meses. Llegamos a su casa, me encerré en la habitación y no salí hasta tener el disco terminado. Tardé un mes y medio.

Sergi
La mañana que fuiste al bar fue un momento de éxito, ¡y sin tú saberlo! 😂😂😂
Salió el primer disco y, ¿qué pasó? 😃

Melendi
🎤 Salió el primer disco y estuvimos unos dos años haciendo conciertos, y fabricando y vendiendo nuestros discos. Éramos un poquito cutres, pero creo que teníamos una ilusión y una inocencia que se contagiaba, y se fue corriendo la voz.

Habíamos vendido ya cuarenta mil discos y aún no salíamos en ninguna radio ni la gente me ponía cara. Un buen día, Javier vino y me preguntó: «¿Por qué no hacemos el anuncio de la vuelta ciclista?». Ahí explotó todo.

Sergi
¿Y a eso le llamas suerte? 😏

Lo que tú me estás contando es una clara confabulación de la vida.

Melendi
¿Tú crees que es la vida que lleva a Javi allí?

Sergi
¿Acaso no estaba en tu vida Javier Valiño el día que fuiste por la mañana a repostar las neveras? Todo sucede dentro de tu vida.

🎤 No lo percibimos así porque no nos enteramos de qué va la película. No vemos la vida como algo que forma parte de nosotros. Nos sentimos ajenos a ella. Por eso nos inventamos la suerte, las casualidades y el azar.

Melendi
¿Qué puede hacer la gente joven o las personas en general para reconocer ese valor que tienen y no ven?

Sergi
🎤 Solo tienen que mirarse con pasión por descubrirse. Pero hoy en día esto tan simple ¡se ha convertido en algo tan difícil! Nos enseñan, y nos lo creemos, que la felicidad y el éxito se encuentran en las circunstancias.

Melendi
A ver, ¿cómo es eso? ¿En las circunstancias?

Sergi

🎤 Sí, el «tú serás feliz si tienes esta carrera universitaria» o «tendrás éxito en la vida si vendes tantos discos», o cualquier idea que te venga a la mente que tú creas que te va a llevar a la felicidad y al éxito. Ese «seré feliz si...» nos aleja de la felicidad.

🎤 El consumismo se basa en el síndrome del perseguidor de circunstancias. Y muchas depresiones en cambio se basan en no alcanzar esas circunstancias.

🎤 Aquí la felicidad y el éxito ya no son genuinos ni naturales. Aquí la felicidad y el éxito se convierten en circunstancias que hay que alcanzar. Todo apunta hacia las circunstancias en lugar de apuntar hacia nosotros.

🎤 Hace unos años, el psicólogo de un instituto de Costa Rica me invitó a dar una charla sobre el éxito a jóvenes de 15 y 16 años.

¿Cuáles son vuestros talentos?, les pregunté. Nadie respondió. Al principio pensé que era por timidez, pero pronto descubrí que no conocían sus talentos. Dieciséis años de vida siendo ellos y no conocían sus talentos.

🎤 ¿Cómo queremos tener una vida exitosa sin conocer nuestro potencial? Esos jóvenes me contaron que habían dejado de lado sus talentos para estudiar duro, para poder tener en un futuro un trabajo, para poder tener una familia y ser felices.

🎙️ Recuerdo con emoción que al final de la charla una joven me abrazó conmovida, diciéndome: «Gracias por recordarme que también puedo ser feliz escribiendo relatos de ficción».

Melendi
Qué interesante es esto. Solemos ver el éxito afuera, aunque allí solo encontramos una paleta de opciones limitada que no nos satisface. Pero nos ofrece la falsa sensación de poder elegir cómo ser felices o exitosos en el futuro. Sin embargo, en realidad fuera de ti no eliges nada. Por eso tenemos la sensación de que nos falta algo. 😱😱😱😱😱

Sergi
Perseguimos un éxito inventado que nos aleja de la vida. 😂😂😂

¡Bienvenido al mundo de los humanos! 😅😅😅

Melendi
¿Soy humano? 😂😂😂

Sergi
😂😂😂

¿Cuándo te diste cuenta de que estabas teniendo fama?

Melendi
Hay un concierto clave en el que yo me doy cuenta de que puedo vivir de la música y además bien. Es un concierto en un pueblo que se llama Toro. Nosotros veníamos de tocar en salas de quinientas personas. Unos días antes del concierto, el promotor que nos había contratado, y que era del mismo pueblo, nos dijo: «Aquí está pasando algo muy extraño, en una semana he vendido tres mil entradas». 🥹

Cuando salimos al escenario había cinco mil personas esperándonos. Y ahí estábamos nosotros, cinco amigos que, como músicos, éramos muy simpáticos, alucinando con lo que nos estaba pasando. 😮😮😮😮

Sergi
¿Qué sentiste en ese momento?

Melendi
Imagínate, estaba sucediendo aquello que esa voz interna me decía que un día iba a suceder.

Sergi
🎙️ Todos oímos en alguna ocasión esa voz interna que nos guía, ¿verdad? Pero muy pocas personas la escuchan con atención. Por ejemplo, todos en algún momento hemos oído una voz que nos dice que es el momento de dejar un trabajo o de tener un hijo o de dejar una relación, pero no queremos escuchar esa voz por miedo a un futuro incierto, por ejemplo.

¿Todavía crees que fue suerte encontrarte con Javier Valiño? 😬😬😬

Melendi
Al recordarlo ahora de nuevo, me resulta muy difícil pensar que solo fue suerte.
Ha habido mucho trabajo y todos nos lo creímos a muerte.

Sergi
Si tu función en la vida pasa por llegar con tu música a muchas personas, pues así será. Si tu función en la vida no pasa por ahí…, por más que un oso panda trabaje duro para llegar a ser una buena ardilla, no lo conseguirá.
🐼➡️❌➡️🐿️

Cada uno de nosotros tenemos una función en la vida. Esa función está ahí en potencia esperando ponerse de manifiesto.

Melendi
Yo, internamente, siento que lo que dices es verdad. De igual manera que sabía que este «éxito» llegaría.

🎤 Antes me dijiste que yo estaba al servicio de la música. Después de analizarlo, me parece que quizá esté al servicio del «cambio», porque lo que yo puedo aportar, más que la música en sí, es la transformación que yo he vivido.

> Entiendo que haya personas a las que les atraiga la fama, y otras personas que, siendo ya famosas, realmente la disfruten. Ese no es mi camino. Me encanta que escuchen mis canciones, pero la fama no me interesa. 😊😊😊

Sergi
Entonces una cosa es que llegue la fama como consecuencia de aquello que haces y otra cosa muy distinta es perseguir la fama con aquello que haces. 😉😌😉
Al final se trata de ser auténtico. ✨✨✨

Capítulo 4
LA SEXUALIDAD
Olvídate de lo del sexo, las drogas y el rock & roll

La sexualidad
Sergi Torres
Melendi

Sergi
¿Qué tal estás?

Melendi
Mejor por delante que por detrás. 😂😂😂

Sergi
Bueno saberlo, porque te iba a proponer hablar de sexualidad. Quiero aprender, y tú tienes pinta de gurú del sexo. 👉🧘👈

Melendi
☕☕☕☕☕ Me halagas, pero te has equivocado de puerta, Morfeo. Olvídate de eso que dicen de sexo, drogas y rock & roll. 😂😂😂

Sergi
Esto son conversaciones con mi gurú: adelante, muéstrame, ilumíname. 😂😂😂😂

Melendi
☕☕☕

OK, nos hemos reunido hoy aquí para poner encima de la mesa un tema que a todos nos ocupa y preocupa. 😂😂😂😂

No, en serio, empieza tú. 😅😅😅😅 ¿Cuál es tu punto de vista sobre cómo vive el *Homo sapiens* 2021 la sexualidad?

Sergi
Distorsionada.

Melendi
¿A qué distorsión te refieres? ¿Ves cómo es una asignatura pendiente?

Sergi
🎙️ Está claro que, como mínimo, socialmente la sexualidad no está integrada. Y cuando ves a la sociedad como la suma de un conjunto de individuos, pasa a ser muy obvio que la sexualidad humana hoy en día no es madura.

Melendi
¿A qué te refieres cuando dices que no es madura? ¿A que no somos conscientes de su función?

Sergi
A que aún vivimos la sexualidad con mucho dolor y miedo. Estamos muy perdidos en materia de sexualidad.

Melendi
🎤 Puedo entender de dónde procede el miedo que se esconde en nuestra forma de ver la sexualidad. Porque, por lo menos en nuestra generación, siempre se ha tratado como algo oscuro, prohibido y que implicaba represalias. El dolor, si no es como consecuencia de ese miedo, no sé a qué te refieres.

Sergi
🎤 Es el pez que se muerde la cola. Cuando desconocemos un ámbito humano, le tenemos miedo. Al tenerle miedo, no lo vivimos abiertamente. Eso nos impide aprender de ello y nos impide madurar.

Esa inmadurez nos lleva a vivir la sexualidad sin sentido, y eso duele. Un ejemplo muy claro de inmadurez sexual es un abuso sexual.

Melendi
🎤 Según escucho tus palabras no puedo dejar de pensar que, aunque vayamos cambiando de tema tú y yo, siempre volvemos a una misma idea: nuestras creencias acerca de todo nos oprimen y condicionan nuestra felicidad.

🎤 Socialmente, la culpa parece que nos marca mucho. Existe la creencia de que, si tú disfrutas con el sexo o quieres tener dinero, esto se va a convertir en Sodoma y Gomorra. Pienso que el abuso sexual surge de la represión y la ignorancia y no de la libertad.

Sergi
¿Ves como eres mi gurú? 😌 Adelante, sigue. 😂

Melendi
😂😂😂😂

Sergi
🎤 Desconocemos tanto de nosotros mismos que nos aterra esa libertad de la que hablas. Reprimirnos nos aporta una sensación de seguridad, pero a su vez impide que nos conozcamos y maduremos. De ahí nuestra ignorancia sexual. Y de la ignorancia a la violencia, el dolor y el miedo hay solo un paso.

Melendi
🎤 Quizá yo mismo esté muy reprimido en este aspecto. He tenido muchos vicios en mi vida, pero el sexo nunca ha sido uno de ellos. Me gusta el sexo, disfruto mucho de la sexualidad, pero nunca ha sido lo que me ha movido.

He tenido amigos que lo veían de otra manera. 😬😅😅😅😅

Mi función en la vida no es follar. 😌😌😌😌

Sergi
☕☕☕☕☕ La mía tampoco.

Melendi
☕☕☕☕☕ Se terminó la charla. ☕☕☕☕☕ ¡Carpetazo! 🚩

Sergi
🤣🤣🤣🤣🤣

Melendi
Un día tenemos que grabar y subir a YouTube una de estas conversaciones tan profundas que tenemos. 🤣🤣🤣🤣🤣

Sergi
Sí, porque los emoticonos no alcanzan a mostrar lo que nos llegamos a reír.
🤣🤣🤣🤣🤣

Volviendo a la sexualidad. 😂😂😂😂

Siempre he sentido que la versión que se nos muestra de ella es muy empobrecida.

Melendi
Empobrecida, ¿en qué sentido?

Sergi
Las imágenes que vemos por televisión, internet o incluso en casa suelen mostrar una versión muy ignorante de la sexualidad. Lo que vemos en ella aún contiene mucho dolor, violencia y miedo. 🙎🙎🙎🙎

Todavía tenemos grabado en nuestra retina mucho abuso y mucha imposición de lo masculino sobre lo femenino, por ejemplo.

Así que prefiero no creerme esa versión establecida y seguir aprendiendo.

Es sano cuestionarse lo que uno cree y piensa. 😬😬😬😬😬

Melendi
¿Por ejemplo?

Sergi
La idea que tenemos de la pareja. 😊😊😊 Todavía impera la idea de que una pareja es la forma correcta de relacionarse íntimamente. O que una relación íntima debe estar compuesta por un hombre y una mujer. 🙋‍♂️🙋‍♀️

Melendi
Esa idea de la que hablas no nos impera a todos. Yo hoy me levanté queriéndome muchísimo. ☕☕☕☕☕

No, en serio, continúa.

Sergi
☕☕☕☕☕
Pues yo me eduqué en un colegio religioso, y no me di cuenta hasta muchos años después de que había vinculado el placer al pecado. 👨‍🎓👨‍🎓👨‍🎓👨‍🎓

Melendi
«Suelta eso, que te vas a quedar ciego», nos decían. Ese mensaje es tremendo. 🤦‍♂️

Sergi
Es curioso que estemos hablando de sexualidad y terminemos hablando de culpa y de creencias culturales, sociales, familiares y religiosas.

Después de miles y miles de años como seres humanos deberíamos ser maestros de la sexualidad, al igual que de nuestras emociones, de nuestros pensamientos y de nuestras acciones. 👨‍👨‍👨

La sexualidad es tan poderosa que somos capaces de dar vida a través de ella.

Melendi
Una pregunta, Sergi. Te la hago porque su respuesta, a veces, se utiliza para afirmar que el simple disfrute del sexo es malo.

Si la naturaleza es sabia y nos ha dado el esperma solo para reproducirnos, ¿deberíamos tener sexo solo para procrear? Te aviso de que contestes lo que contestes, aquí seré implacable, pienso seguir mi propio camino. 😂😂😂

Sergi
😂😂😂
Nooo… La sexualidad para los seres humanos ya no es exclusivamente una forma de reproducirnos. Tiene una profundidad y una riqueza mucho mayor.

Yo la veo como una expresión de la intimidad y del amor.

Hay un momento en el que dentro de una relación nace una cierta intimidad, y esa intimidad se manifiesta de muchas maneras, una de ellas es sexualmente.

En el fondo es un tipo de comunicación entre corazones.

La reproducción solo es un aspecto más de la sexualidad. 😊😊😊
Incluso la penetración o la sexualidad centrada en los genitales también es un pequeñísimo aspecto de la sexualidad humana.

Melendi
¿Es posible que podamos incluso verla como una herramienta para reconocernos, como iguales, como lo mismo, como vida?

Sergi
🎤 Cualquier ámbito humano puede emplearse para conocernos y expresarnos plenamente. Por eso reprimirnos nos impide ese descubrimiento y esa realización.

Melendi
Al escucharte me doy cuenta de que siempre tengo dos formas de verlo, una más profunda, que concibe la vida y el mundo como una sola entidad, donde todo se incluye, y otra más lógica, que busca una explicación que jamás llega.

¡Pero la naturaleza no se rige por la lógica humana!

Fíjate en las migraciones animales y todos los comportamientos que llevan a cabo para reproducirse. Parece que todo es para que la vida se perpetúe.

> Si nosotros formamos parte de la naturaleza, tampoco puede ser tan anecdótica la reproducción. 🤔

Sergi
¡Claro!, si reducimos la sexualidad a la penetración. 😁 La gran mayoría de los animales aún no conocen la sexualidad, y usan la penetración para reproducirse.

Sospecho que, si el ser humano fuese maduro, sexualmente hablando, generaría de forma consciente y natural una tasa de natalidad en equilibrio con el planeta. 🌍

> **Melendi**
> ¡Esa es buena! 🙆
> Ahora me has contestado si la sexualidad es solo para procrear en un lenguaje que yo entiendo. 👏👏👏

> La mayoría de las conversaciones de sexualidad son banales. 😐😐😐
> Maltratamos de tal manera la palabra *sexualidad* que al final la convertimos en lo que representa hoy en día para la sociedad. Está un poco prostituida, como el término «Dios», ¿verdad?

Sergi
¡Cierto! 😬

Melendi, ¿qué te parece si incluimos en nuestra apasionada conversación a una amiga que lleva muchos años navegando los océanos de la sexualidad consciente para que nos saque de los estereotipos? 😄😄😄😄

Melendi
Creí que nunca ibas a pedírmelo. Ya nos veía en una cena romántica, dándonos la mano por debajo del mantel mientras suena: «Quién detiene palomas al vuelo…».

Sergi
😂😂😂

Melendi
¡Claro, vamos!

Se añadió a Astiko

Sergi
¡Hola, Astiko! 😁😁😁
Melendi y yo estamos profundizando acerca de la sexualidad, y al decir él que la mayoría de las conversaciones sobre sexualidad son banales apareciste en mi cabeza. 🌟

Astiko
Hola, Sergi. Encantada de conocerte, Melendi.

Melendi
Encantado, Astiko.

Sergi
Sexualidad, Astiko, ¡cuánto ignoramos de ella!

Astiko
Es el misterio de la vida. Nunca la hemos vivido con una observación limpia y clara, sin que la mente esté interfiriendo y contando sus películas.

Hay mucho trabajo por hacer en este campo. La salud de la humanidad depende de ello. No puede ser que nuestros adolescentes vivan esta energía o se inicien en esta energía a través del porno.

Cuando la sexualidad se aprende desde el porno, pienso que es señal de que la sociedad está un poquito enferma. Igual que cuando la sexualidad se aprende desde el pecado o desde la represión.

Sergi
Has dicho que no puede ser que los jóvenes vivan esta energía a través del porno. ¿A qué te refieres con energía?

Astiko
Te pongo un ejemplo muy claro.

🎤 En un vuelo de regreso a casa, vi a un chico y a una chica de unos veintiocho años que parecían compañeros de trabajo. Al bajarnos del avión, lo primero que nos encontramos en el aeropuerto fue un anuncio de una marca de ropa interior.

🎤 En el anuncio se veía a una mujer guapísima con un sujetador que apenas tapaba nada. Y entonces el chico le dice a la chica: «Joder, tía, y yo que tengo que ir a casa ahora a dormir y me encuentro con estas cosas que me ponen cachondo».

Lo que realmente le puso cachondo es esa energía. Así que, hablando de forma muy simplificada y muy llana, energía sexual significa «estoy cachondo».

¿Qué significa esto? Que ha habido un incremento de energía; la sangre bombeada por su corazón se ha dirigido a sus genitales y ahí ha despertado un anhelo.

Y todo esto detonado por esa imagen de la chica en sujetador. 😂😂😂😂😂

Sergi
😂😂😂😂😂

Melendi
¿De qué os reís? 😐

Sergi
😂😂😂😂😂

Astiko
😂😂😂😂😂

Es igual que si me enfado y me sube la ira y me pongo colorada, eso es también energía.

Ese «estar cachondo» nos pone muy nerviosos, y decimos, ¿qué hago yo con esto?, ¿qué hago yo con esta energía? 💥👱‍♀️👱‍♀️👱‍♀️👱‍♀️

Melendi
¿Y cuál es tu respuesta a esas preguntas? 😁

Astiko
Darnos cuenta de que para empezar a naturalizar y a ser dueños de esa energía, necesitamos entender cómo esa energía se puede mover en nosotros de una forma vertical, en vez de horizontal.

Melendi
Astiko, ¡es que siempre en vertical cansa mucho! Es broma, es broma. 🙅‍♂️😂
Ponnos un ejemplo, por favor. 😬🤓

Astiko
Horizontal significa buscar un objetivo para descargar ese incremento de energía y quedarme tranquilo. 😋😃
Vertical significa sentir esa energía, respirarla y darme cuenta de que puedo disfrutarla sin la necesidad de deshacerme de ella. 🤩

Cuando la energía sexual llena tu corazón, entonces eres dueño de esa energía. Puedes compartirla si quieres, pero no como algo compulsivo, ni tampoco, por el contrario, reprimido.

Cuando nos culpamos o nos avergonzamos por sentir esa energía sexual, la reprimimos y entonces vamos en contra de nosotros mismos. 🙂

Sergi
¡Ostras! Cuánta liberación hay en esa forma consciente de vivir la sexualidad. ¡Cuánto por descubrir!

Melendi
Os sigo atentamente, pero yo ahora mismo, ni horizontal ni vertical, estoy atravesado.

Astiko
No me extraña. Hay un cacao ahora mismo en nuestra sociedad… 😂😂😂😂

Sergi
¿A qué te refieres?

Astiko
🎤 Los jóvenes están rompiendo muchas estructuras, ¿verdad? Pero, sin embargo, estamos cayendo en el mundo de las etiquetas de géneros, por poner un ejemplo.

Sergi
🎤 Sí, este es uno de los retos que los jóvenes tienen delante: que, en medio de su propuesta liberadora, se queden encerrados en sus propias etiquetas. Si caemos ahí podemos pasar de ver una nueva sexualidad natural y madura, a ver una nueva moda basada en géneros «superguays».

Astiko
🎤 La sexualidad no puede basarse en etiquetas ni en conceptos. Un pájaro no se basa en conceptos, se basa en ser pájaro. De modo que la sexualidad no puede ser conceptual, necesita tener una libertad de expresión.

Así que esta ruptura de estructuras es, también, una forma de empezar de nuevo. Adiós a todo. 😂😂😂😂😂

Sergi
Claro, si hablamos de energía sexual, esta se va a comportar como un flujo y no como algo estructurado y estático.

Astiko
Los jóvenes de hoy en día se están cargando todos los conceptos pero, para hacerlo, primero hay que escuchar y asumir nuestro cuerpo y nuestro género, sin ideologías.

Sergi
🎤 Entiendo entonces que esta ruptura natural que los jóvenes están llevando a cabo no se está dando de forma natural, porque no ha habido una base sexual madura en nuestra sociedad.

🎤 Es como una semilla a la que le ha llegado el momento de germinar, pero no es lo mismo que germine plantada en un campo fértil o que germine bajo un suelo asfaltado, como a menudo es nuestra sociedad.

🎤 Lo que podría ser una bella maduración social se convierte entonces en una controversia. Por eso ni los jóvenes entienden a los adultos ni la mayoría de los adultos a los jóvenes.

Astiko
Ahora la sexualidad es plenamente recreativa. Esto es una pena.

La sexualidad recreativa tiende a ser degenerativa; sin consciencia ni presencia, sin fusión. Sin embargo, podría llegar a ser más que recreativa, podría ser generativa, y mostrar la alegría que surge con ese compartir cuando le quitamos todas esas connotaciones antiguas e inquisidoras que, además, son la base de un montón de vidas llenas de vergüenza. 😔

Melendi
¡Es el momento de abrir la caja de Pandora! 😂😂😂

Astiko
Me sorprende mucho que apenas nadie muestre un modelo natural a la gente joven que está empezando a experimentar esta energía tan poderosa. 🙍🙍
Esta falta de referencias naturales crea un poquito de confusión.

Sergi
Sorprende que en la mayoría de las familias y escuelas no haya una ventana a la naturalidad y a la coherencia íntima sexual, así como también a la muerte, al autoconocimiento, a la inteligencia financiera, etc., etc.

🎤 Todavía en las escuelas es mucho más importante el logaritmo neperiano. Y no estoy en contra de enseñar cómo calcular un logaritmo neperiano, pero sí me parece muy extraño que se anteponga sobre una formación en autoconocimiento o sobre la integración de la muerte o de la sexualidad como parte de nuestra vida.

Astiko
A jóvenes formados así es mucho más fácil venderles todo tipo de cosas, porque en realidad el consumismo es una compensación por no vivir el gozo natural. 🙍🙍

El gozo natural es gratis. 😂😂😂😂😂

Melendi
😂😂😂😂😂

Sergi
😂😂😂😂😂
Socialmente, tal como tú decías antes, Melendi, aún creemos que libertad o naturalidad sexual significan «Sodoma y Gomorra, segunda parte».

No vemos la libertad sexual como el resultado de una madurez o de una coherencia.

Melendi
¡Cierto!

Astiko
🎤 La libertad sexual solamente puede acontecer cuando seamos libres de unos patrones y de nuestras cajitas mentales, dentro de las cuales hemos metido nuestros conceptos. Hoy en día en Occidente solo los conceptos mentales te mantienen atrapado.

Pero actualmente la libertad se entiende todavía como la salida de la represión. Como un toro que está encerrado y que cuando abres la puerta sale a dar cornadas. 🤷‍♀️

La libertad sexual en realidad es la naturalidad de volver a descubrir la energía sexual.

Pero claro, nuestros hogares deben abrirse a la naturalidad. Los pequeños aprenden observándonos.

Sergi
Recuerdo un estudio en el que se concluía que aproximadamente el 80 % del aprendizaje de los pequeños tiene lugar en los hogares.

Astiko
Y luego están las películas. Los actos sexuales de las películas son como… ¡Dios mío de mi vida! 🙍‍♀️🙍‍♀️🙍‍♀️

Se han convertido en referencia sexual para muchos jóvenes y no tienen un mínimo de profundidad ni de corazón.

Melendi
Eso no nos pasaba en los 90. ¿Recuerdas el Canal Plus? 🙈🤣

Sergi
🤣🤣🤣 ¡Ostras, sí!, que estaba codificado y solo veíamos «las rayitas» EN HORIZONTAL!

Melendi
🤣🤣🤣

Astiko
¡Vaya dos! 🤣🤣🤣

Deberíamos hacernos muchas preguntas. ¿Cómo nos relacionamos con nuestro cuerpo? ¿Cuánta naturalidad hay en tocarnos y abrazarnos? ¿Cuánta soberanía hay en cada uno de nosotros a la hora de sentir la energía sexual? ¿La reprimo? ¿La subo a la cabeza y la uso para fantasear? ¿Salgo corriendo para deshacerme de esa energía? 🙍‍♀️🙍‍♀️🙍‍♀️

Sergi
Con estas preguntas tenemos material para pasar un buen rato haciendo un buen inventario de esos conceptos que guardamos dentro de esas cajitas mentales que nos decías antes. 😀😀😀😀😀 ¡Menuda liberación la honestidad! 🤯🤯🤯

Astiko
¡Cierto! 😀

Podríamos decirnos: «Ah, mira, se está moviendo esto dentro de mí. Y preguntarnos: ¿dónde se inicia este movimiento?, ¿cómo se expande?, ¿cuánto permiso le doy?».

Párate y obsérvala, dale espacio, respírala, hónrala, mira a ver a dónde te lleva. Igual que con la rabia o cualquier emoción, en realidad, ¿verdad?

Sergi
¡Cuántos miedos hay ahí!
Y cuán vacíos nos solemos sentir.

Astiko
Cuando no vivimos la energía sexual de forma madura aparecen muchos tipos de compensaciones en el mundo. Muchas guerras y muchísimos otros desequilibrios sociales tienen que ver con esa energía mal entendida y mal expresada.

Melendi
En resumidas cuentas, para los mortales: que estamos mal *follaos*. 🐝🐝🐝

Astiko
🐝🐝🐝

Sergi
🐝🐝🐝

Astiko
La energía sexual es sumamente poderosa. Es una pena desecharla de esta manera. Realmente nos despoja a los seres humanos de mucha dignidad.

Todos los conflictos que tienen que ver con la sexualidad vienen de no haber aportado presencia y ecuanimidad a la hora de sentir esa energía.

Y esto ha creado mucho dolor.

Sergi
Por eso muchas relaciones sexuales terminan convirtiéndose en la búsqueda de un placer que alivie nuestro dolor.

Astiko, ¿dónde se inicia tu camino consciente de la sexualidad?

Astiko
🎤 Yo me di cuenta enseguida, con doce o trece años, de que el sexo era diferente para el hombre que para la mujer. Que a mí se me despertaban una serie de emociones que el hombre no tenía. Y entonces, empecé a cuestionar eso dentro de mí.

Después de un tiempo experimentando el amor libre me di cuenta de que no era bueno para mí. Despertaba una serie de emociones y de sentimientos que, en vez de abrir más mi corazón, lo cerraba.

Ahí inicié una investigación personal que me llevó muchos años.

Sergi
Para muchas personas puede ser chocante hablar de sexualidad en términos de sentir, de escuchar, de energía, de corazón, incluso de feminidad y de masculinidad, ¿verdad? En general, estamos muy perdidos. 😅😅😅😅

Astiko
Estamos muy perdidos.

Pero cuando la energía sexual de la mujer no llega al corazón aparece la pornografía femenina.

Sergi
¿Pornografía femenina? 😳😳😳😬😬😬

Astiko
Sí, el romance es la pornografía femenina. El «Oooh, mi príncipe azul maravilloso que me lo va a dar todo…».

Sergi
¡Ostras, nunca lo había visto así! 🙄🙄🙄🙄

Astiko
Confundimos amor con romance. El romance es muy bonito, pero si se queda solamente en la capa superficial del corazón, la mujer se pierde.

Ahí es cuando la mujer piensa que sin el hombre ella ya no es nadie.

Hoy en día el corazón no ha encontrado todavía el lugar que le corresponde. En las telenovelas, las películas pornográficas y los romances, hay poco encuentro real, ¿verdad? 👱‍♀️👱‍♀️👱‍♀️

Sergi
La falta de corazón se puede ver también en todos los ámbitos de nuestra sociedad.

🎤 Cambiando de tema, me he dado cuenta de que a menudo dentro de una relación sexual existe una especie de adoración y sobrevaloración del orgasmo y del placer. Quiero decir que parecen tener mucha más importancia que el poder relacionarnos de corazón, como nos decías, o el poder conocernos dentro de esa intimidad compartida.

Astiko
Cuando te das cuenta de eso, la mente deja de repetir siempre lo mismo como si fuera una manada de caballos que van corriendo al establo, que representaría el placer físico y el orgasmo.

Sergi
Cierto.

Astiko
Se convierte en un momento de escucha. Ahí la mente no se adelanta al cuerpo.
La escucha es lo que crea un ambiente amoroso en una relación y lo que hace que se pierda poco a poco la agresividad de correr hacia la meta.

Sergi
Esto no excluye el placer ni el orgasmo, pero cuando estos pasan a ser lo más importante en una relación, sin darnos cuenta, terminamos olvidándonos del otro e incluso de nosotros mismos.

Parece que tenemos enfrente un gran reto y una gran oportunidad en lo que se refiere a la sexualidad.

Astiko
El otro día una alumna, que es criminóloga, me dijo que la mayoría de los crímenes que se comenten hoy en día, creo recordar que me dijo un 80 %, son sexuales, ¡incluso dentro de la familia!

Sergi
¡Pues justo ahí está la oportunidad!, porque si aprendiéramos a sentir esa energía sexual y a vivirla coherentemente, disminuiría drásticamente la cifra de crímenes.

Además, solo se trata de empezar a atendernos y escucharnos, no se nos pide meditar treinta años en un monasterio zen. 😂😂😂

Astiko

🎤 En el Amazonas, todavía hoy, hay otras formas de vivir la vida sexual coherentemente, y nadie ha ido a enseñárselo a sus habitantes. En realidad, es algo que no deberíamos ni tener que aprender. Pero algo nos ha sucedido que hemos terminado reprimiendo esa energía y se ha distorsionado. Lo único que tenemos que hacer es quitar esa losa de conceptos y creencias represivas.

🎤 Tenemos a los jóvenes con trece, catorce años, sentados en el instituto aprendiendo la vida de Napoleón, o ecuaciones de segundo grado, mientras las hormonas están haciendo su propia fiesta. Nadie habla de eso y muchos llegan a casa creyendo que algo no va bien en ellos.

Sergi

Les dicen: «¡Estos jóvenes no atienden!». «¡Estoy explicando los enlaces químicos y no atienden!» «No sé dónde tienen la cabeza estos jóvenes de hoy en día.»
😂😂😂

Astiko

¿Cómo van a atender si hay otros enlaces químicos que pasan dentro de su cuerpo y que los están volviendo locos a todos?
🤪🤪🤪🤪🤪

Sergi

Nos cuesta mucho ver más allá de nuestros miedos.

Astiko
Sí, es verdad. El miedo es una energía muy contractiva.

Sergi
Ha sido genial poder hablar contigo de sexualidad, Astiko. 😃
¡Muchas gracias! Qué bien hablar de esto así.
🥰🥰🥰

¡Qué liberador! 🧑🧑🧑

Astiko
Sí, cierto. 😊

Muchas gracias a vosotros. 😊

Melendi
Gracias, Astiko.

Astiko salió del grupo

Melendi
Sergi, ¿tú crees que es necesaria una charla típica paternofilial con los hijos para hablar de sexualidad?

Sergi
No.

Melendi
Yo tampoco.

Sergi
Como Astiko nos decía, es cuestión de estar abiertos. Aprendamos junto a los jóvenes, en lugar de dar charlas a una generación que nos supera. 😂😂😂

Mi hijo siempre ha preguntado mucho y de forma muy directa. Eso nos ha permitido acompañarlo y aprender de él.

Esto no elimina el desafío, como padre, de abrirme a que, en su libertad, él mismo descubra su propio mundo sexual.

Yo no viví esa apertura.

Recuerdo que cuando llegaron niñas a mi colegio yo tendría 15 años.

Después de once años en un grupo de cuarenta chicos adolescentes, de repente al inicio de un curso aparecen ocho chicas. 😜😂😂😂

Melendi
No levantabas la mano en clase de la misma manera… te daba vergüenza: «A ver si voy a ir de listillo»… 👉🤓😂😂😂

Sergi
El día que tuve una compañera de pupitre. 😱🙈 Se llamaba Marta. Para mí, la situación era tremenda.

Melendi
¿Y te gustaba? 😂😂😂

Sergi
Sí, me sentía muy atraído, pero ahora no sé si era por ella o por lo que representaba. Creo que me atraía más la situación que ella misma. 😂😂😂 Pero está claro que me sentía muy atraído. 😬

Melendi
Me imagino al Sergi pequeñín ahí, «cachondito»…

Sergi
😂😂😂 ¡La energía sexual que decía Astiko! 😬😬😬😬😬

Melendi
Quién iba a decirle a ese Sergi que iba a hablar de esto desde otro punto de vista completamente distinto. 😂😂😂

Sergi
😂😂😂

Melendi
Qué duro es el aprendizaje a veces y qué sencillo podría llegar ser.

Sergi
Los jóvenes son los que nos tienen que enseñar a nosotros. Aunque en realidad su función no es enseñar a las generaciones anteriores, sino crear su propio mundo, en el que quieren vivir.

Capítulo 5
CUESTIÓN DE GÉNERO
El arte de aprender a escuchar

Cuestión de género
Sergi Torres
Melendi

Sergi
Hola, ¿qué tal? ¿Cómo está tu energía, horizontal o vertical? 😂😂😂😂

Melendi
😂😂😂😂
Qué profundidad el otro día, ¿verdad? Estuve leyéndolo todo junto a mi mujer…

Sergi
¿Y?

Melendi
Terminamos en horizontal.
😂😂😂😂

Sergi
😂😂😂😂

Melendi
Muy interesante. Le pareció y entendió cosas que yo, para serte sincero, no entendía, por eso estuve muy callado mientras hablabais.

Sergi
Qué bien nos sienta la visión de las mujeres, ¿verdad?

Melendi
Cierto.
¿Será cuestión de género?

Sergi
Ostras, este es todo un tema. ¿Te parece que hablemos de ello?

Melendi
Claro. Empieza tú.

Sergi
No, empieza tú.

Melendi
🦗cric-cric, 🦗cric-cric, 🦗cric-cric, 🦗cric-cric…

Sergi
… 🦗cric-cric, 🦗cric-cric, 🦗cric-cric…

Melendi
☕☕☕☕

Sergi
☕☕☕☕

Melendi
Veo que somos expertos en este tema…, también. 🤭😅

Sergi
😂😂😂😂

Melendi
Podríamos empezar a compartir nuestras opiniones, pero creo que nos pasaría lo mismo que nos pasó con la sexualidad.
¿Conoces a alguien que nos pueda dar una visión más profunda sobre el género o, por ejemplo, la lucha feminista?

Sergi
Conozco a una joven mujer de diecinueve años que nos puede ayudar. La meto en el grupo, ¿OK?

Melendi
¡Perfecto! 👍
😂😂😂😂

Se añadió a Etna

Sergi
¡Hola, Etna! 😃 ¿Te pillamos en mal momento?

Etna
No, para nada. Estoy disponible.

Sergi
Íbamos, Melendi y yo, a hablar sobre género, y nos hemos dado cuenta de que no sabíamos por dónde empezar. Entonces me has venido tú a la mente.

Melendi
🎶 I need somebody, help! 🎶🙏

Sergi
Necesitamos que nos ilumines. 😃 Nos ayudará mucho compartir contigo tu manera de ver el género y también el feminismo, para que nosotros también podamos ver. 🤓🤓

Melendi
Yo me siento muy perdido en esta cuestión. 🙍‍♂️

Tengo tres hijas y me interesa muchísimo generarme una opinión.

¿Qué sientes tú como mujer?

Etna
¿Sobre el feminismo te refieres o sobre el género en general?

Melendi
Seguro que hay algo que ves con claridad y que nosotros no vemos.

Etna
Siento algo muy profundo cuando hablo del feminismo y de la mujer. Pero es algo muy amplio. 😬

Melendi
Te concreto.

> Sergi está en otro planeta y no entiende de qué hablamos. 👉👽👈 Para él no existen «hombres y mujeres». 👨😂

> Yo me he criado en lo que yo pensaba que era un matriarcado. Simplemente porque veía que era mi madre la que mandaba. Pero al comentarle esto un día a Sergi, él no lo vio puramente un matriarcado, y eso dejó en evidencia una de mis creencias.

Etna
Sigue siendo patriarcado según mi manera de verlo. 😬

> **Melendi**
> ¿Puedes señalarnos el camino? 🙏

Etna
🎤 En primer lugar, hay que escuchar directamente la voz de una mujer. Hoy en día no se nace mujer, sino que se hace. Justamente el género es esto, es algo construido. Y así como para Sergi no hay hombres ni mujeres, desde mi punto de vista sí que los hay, pero son una construcción social.

🎤 A medida que como sociedad vayamos madurando, seguramente esta construcción se irá deconstruyendo. De hecho, de la manera que yo entiendo y siento el feminismo, ser feminista implica apoyar esta deconstrucción social acerca de cómo concebimos socialmente el género.

Podríamos empezar preguntándonos: ¿por qué yo me siento mujer y por qué tú te sientes hombre?

Por otro lado, respecto a lo que me contabas antes, da igual si es un matriarcado o un patriarcado. Cualquiera de las dos formas son un desequilibrio en sí mismas.

Melendi 🤯
¡Bum! ¡Se acabó la charla!

🎤 Lo que es evidente para mí es que, antropológicamente, desde que el ser humano es ser humano, la mujer ha sido maltratada. Ha sido considerada la paridora de la especie, vejada e impedida en sus decisiones; siempre a la sombra de los grandes hombres, cuando ellas eran grandes mujeres.

🎤 Eso es lo que vemos. Eso es lo único que percibimos muchos hombres hoy en día y en lo que estamos de acuerdo. Pero a mí me interesa saber lo que sienten las mujeres de hoy y que hace que reivindiquen un cambio en todo esto.

¿Qué podemos contarles a los jóvenes que puedan leer estas conversaciones?

Etna
Sobre todo, que escuchen.
Me encuentro con hombres con los que hablo o me preguntan sobre el feminismo, pero yo empiezo a percibir que hablamos de igual a igual cuando siento que el otro me escucha.

🎤 Ya sé que es poco probable entender completamente esto que comparto, porque ya habéis construido vuestra persona como hombre. Es por ello por lo que cuando me encuentro en una conversación sobre feminismo con un hombre, no pretendo que me entienda ni que empatice con lo que digo al cien por cien, pero sí que escuche.

De modo que es básico enseñar a escuchar desde el principio, desde que nacemos. Escuchar es lo más poderoso que vamos a poder hacer, escucharnos los unos a los otros.

El instinto de la mayoría de los hombres es el de hablar y el de hacer para ser reconocidos. Cambiar esta inercia por la escucha es lo que me parece más poderoso de todo. 😃

Sergi
Este es un punto brillante para detenernos, Etna. Expresas que el género se construye. Y de ahí entiendo que nace esa divergencia que vemos en los dos géneros. Es ahí donde se inicia una aparente separación de dos mundos, ¿cierto?

Esta necesidad de aprender a escuchar que expones me llega al corazón y me inspira mucha paz. 😊

Y añado que me sorprende felizmente que esta sea tu visión del feminismo. Es la versión más despierta que he escuchado. Porque no colisiona contra un opuesto llamado machismo, sino que busca reunir los opuestos para que puedan escucharse y comprenderse. 😃😃😃😃

Etna
Bueno, hay mucho más… 😬😬😬 Quiero decir que en algunas ocasiones sí que colisiono. A veces sale una parte de mí que siente que tenemos que luchar y reconozco que muchas veces esa lucha la dirijo contra el hombre; en lugar de junto al hombre. 😅😅😅

Pero justo en esa colisión contra el hombre existe también una oportunidad para que el feminismo pueda madurar e ir más allá de la colisión.

Sin embargo, la colisión tiene sentido porque, si ya desde muy pequeña te encuentras con un patriarcado impuesto y vas creciendo dentro de esta perspectiva patriarcal, hay un momento en el que como mujer te sale la rabia.

Por eso es normal que nos llamen feminazis o que nos digan que nuestra reivindicación es una forma de violencia feminista. Pero esto es algo por lo que tenemos que pasar todas.

🎙️ Después de años y años de no ser reconocidas, de ser maltratadas, de ser incluso asesinadas, es normal que lo primero que salga a la superficie sea el dolor. Y a través del dolor también se sana. Si por nuestra parte no hay un reconocimiento de ese dolor, es muy difícil que sanemos nuestras heridas.

El dolor del que hablo no es solo mío. Por haber nacido mujer y por sentirme como tal, yo ya cargo en la espalda con generaciones y generaciones de dolor.

Lo mismo ocurre con el hombre, pues soporta la responsabilidad y el dolor de no haber escuchado y no haber entendido que la polaridad también es necesaria.

Melendi
Interesante, Etna. Si no se ve el dolor, no se puede sanar. 😮😮😮

Etna
🎤 Muchas veces me siento atacada cuando oigo «las feminazis estas…» o que las manifestaciones feministas no son pacíficas y se nos tacha de violentas. ¿Cómo? A ver, entendamos esto, por favor: todo inicio de una revolución conlleva cierta violencia, si no, a uno no se le escucha. Y no me refiero a una violencia física ni a ningún tipo de agresión, sino a la expresión de una rabia y un dolor que han estado ahí sin ser escuchados durante mucho tiempo.

Cuando se supera esa fase de dolor y la rabia deja de tener sentido, entonces sí que se puede empezar a amar y a construir juntos de igual a igual.

Es que también me he encontrado con muchos hombres muy «abanderados» y muy «feministas» que van ahí a las manifestaciones, y a mí…

Melendi
Etna, van a ligar, hay que entenderlo. 😅😅😅😅

Etna
Sí, sí, por ahí debe de ir la cosa…
🙍‍♀️😂😂😂😂

Melendi
😂😂😂
No lo pueden entender, Etna. 🙍‍♂️🙍‍♂️🙍‍♂️

🎤 Bromas aparte, al ver lo que dices, en el fondo creo que soy un poco responsable también de mi manera de pensar. De hecho, todos los hombres somos de algún modo responsables. Y esto me resulta un poco injusto para mi hijo. No creo que mi hijo sea responsable de los pecados de sus padres.

Al leerte, me ha venido a la mente: mi hijo es ahora mismo una persona inocente.

Y es verdad que hoy en día, en la sociedad, seguimos conviviendo con el machismo, pero yo no sé si mi hijo es responsable de ello, ¿me explico?

Etna
Nadie es responsable realmente como individuo, pero sí que somos responsables de nuestro inconsciente colectivo y de todo lo que llevamos cargando en nuestras espaldas. Y tu hijo, como el hijo de cualquier otra persona, tiene la responsabilidad de crecer y madurar en esta cuestión. 😊😊😊

Melendi
Entonces, ¿le das la oportunidad de que vaya a una manifestación y que su gesto sea honesto? 😬 😃

Etna
Sí, por supuesto. 😂😂😂😂
En realidad, ir a una manifestación es lo de menos. Lo importante reside, por un lado, en cómo cada uno entiende el feminismo y, por el otro, en la educación.

Melendi
La construcción del personaje hombre y mujer, ¿dónde empieza, Sergi? 🫥

Sergi
🎙️ En nuestra ignorancia. Ignoramos nuestro papel dentro de la orquesta de la vida. Ignoramos la unidad que existe entre todas las formas de vida. Esta ignorancia nos lleva a inventarnos personajes que vivan por nosotros. Y todo personaje necesita su decorado para ser creíble: la sociedad.

🎙️ El papel social actual de la mujer y del hombre están caducadísimos. Así que seguramente sea el momento de dejarlo atrás definitivamente y decidir cómo queremos relacionarnos los unos con los otros.

🎙️ A mi modo de ver, no son tiempos de cambio, sino de transformación. Es momento de soltar nuestras viejas ideas sociales y culturales, y no de cambiarlas por otras más modernas que nos sigan encasillando.

🎤 Seguro que habéis oído hablar del poliamor o de las «triparejas». Claramente, ya no responden a funciones meramente biológicas ni a ideas sociales de antaño. Todo esto emerge ahora para que nos cuestionemos muchas cosas.

Etna
🎤 Sí, y no solo nuevas maneras de concebir los vínculos (que las llamamos nuevas por el hecho de que se han puesto de manifiesto ahora), sino también nuevas maneras de concebir tu propio género.

Me refiero a personas que conozco que son *gender fluid*.

Melendi
¿Qué? 😮😮😮😮😮😮😮

Etna
Género fluido… 😂😂😂😂😂
Personas que se sienten tanto hombre como mujer y, en función de cómo se sienten cada día, prefieren que los demás se dirijan a ellas con pronombres masculinos o femeninos.

Esto nace de la escucha de uno mismo y, dependiendo de cómo se sienten, pues se expresan como hombre o como mujer.

Melendi
Yo me pregunto, Sergi, ¿esto es algo que orquesta la vida? Cuando empiezan a surgir todas estas opciones de expresión que ponen en tela de juicio lo establecido, ¿es porque la vida envía estas señales?

Personas que en su mente ya no diferencian entre ser hombre o mujer… Igual que cuando hablábamos de Greta Thunberg, que de repente aparece ella y pone en entredicho la manera en la que vemos las cosas.

Sergi
Homosexuales, lesbianas, heterosexuales, *gender fluid*, todas estas formas de expresión de algo tan íntimo, como apuntaba Etna, existen desde que existe el ser humano.

🎤 Sin embargo, ahora, la conciencia humana está preparada para mirarlo de frente, sin miedo, y llegar a comprender que una cultura y una sociedad maduras siempre abrazan las diferencias, porque conocen la unidad y la libertad que subyacen en ellas.

Todos tenemos el derecho de expresarnos en la vida como deseamos para poder aprender de ello y madurar como seres humanos. Si aceptáramos ahora mismo todas las formas humanas de entender el género, el ser humano daría un salto instantáneo a otra realidad de sí mismo, mucho más luminosa. 😊😊😊😊

Pero aterricemos primero en nuestra realidad actual. 😬😬😬
Cuando estas opciones distintas a lo estipulado y a lo entendido como lo que es correcto son vistas, colisionan con la concepción tan dualista y tan cerrada que nosotros hemos construido.

🎤 Por ejemplo, personas como Etna, que se expresan libremente, pueden generar una confrontación al discurso antiguo que ante el *gender fluid* pueda reaccionar con pensamientos del tipo: «¿Cómo que género fluido? A esta persona lo que le pasa es que está muy confundida».

Melendi
Sabes que cuando yo era pequeño… ¿Es posible que yo haya…? 🤭🤭🤭
Seré totalmente honesto. 😬😬😬 ¿Puede ser que ahora recuerde que de pequeño…? ¿Puede ser que yo tenga vagos recuerdos de mi feminidad? 😂😂😂😂😂
Pero esto no lo he dicho, ¿eh? Soy un macho. 🤣🤣🤣🤣🤣🤣

Sergi
Claro que puede ser, y es algo que luego ocultamos con esta construcción del género a la que se refiere Etna.

🎤 De niño, en mi colegio, donde éramos todos niños, yo representaba el polo femenino de todo el grupo masculino. Yo era el que jugaba con muñecos de animales y no jugaba al fútbol como los demás.

Etna
🎤 Como decías antes, una cosa es la parte biológica del hombre y la mujer, y otra lo que nos separa en cuanto a construcción social. Pero en realidad todos somos masculinos y femeninos, porque no solo se trata de tener cuerpo de hombre

o de mujer, también está la energía masculina y la femenina que reside en todas las personas.

Melendi
Te digo una cosa, Sergi, no nos vale Etna. 😂😂😂😂

Sergi
Está demasiado despierta, ¿verdad? 😂😂😂😂

Queda aún más clara nuestra ignorancia. 🙇🤣🤣🤣🤣

Melendi
🤣🤣🤣🤣 ¡Así es!

Etna 😅😅😅😅

Sergi
Perdona, Etna, sigue por favor.

Etna
Decía que el feminismo, finalmente, es la aceptación de lo femenino y lo masculino en una sola persona, así como también en todo un colectivo.

Yo también he tenido que pasar por eso y aprender a escuchar esas dos partes de mí. También he sentido la confrontación interna entre mi parte masculina y mi parte femenina al plantearme: «me gustan las mujeres, entonces, ¿qué hago? ¿quién soy?», o «a mí no me gusta jugar a las muñecas, ¿qué me está pasando?». 😱😱😱

El feminismo no debería quedarse en la búsqueda de la igualdad de la mujer con respecto al hombre, también debería abrirse a aceptar esta polaridad entre la energía masculina y femenina.

Sergi
Es más profundo, ¿verdad?

Melendi
Visto desde ese punto de vista, Sergi, quizá estén luchando también por nuestro sufrimiento.

Sergi
Etna habla sobre el feminismo como la escucha a la inclusión hombre-mujer; lo has definido así, ¿verdad?

Etna
Sí.

Sergi
Pues el «masculismo» también requiere hacer ese ejercicio de escucha para integrar lo femenino en él. Es una asignatura pendiente tanto para el feminismo como para el «masculismo».

Quizá ha llegado el momento de que los hombres vean referentes masculinos íntegros.

Melendi
Desde luego.

Sergi
Y al mismo tiempo, al ver lo que expone Etna, también de decidir empezar a integrarnos nosotros.

Melendi
¿Puede que sea tarde para nuestra generación?

Sergi
¡¡No, qué va!! El presente siempre es oportunidad.

Melendi
🎤 Me pregunto qué hubiera pasado si yo no hubiera reprimido esos impulsos. Porque ahora recuerdo perfectamente haber tenido esa parte femenina. Y aunque mi personaje se ha construido como macho, en el fondo soy muy sensible.

Pero ¿y si yo hubiera nacido ahora, sin tanta presión de ser un macho? Seguramente tendría más capacidad de poder escuchar esos impulsos femeninos que sentía de pequeño. ¿Sería ahora una persona diferente?

Sergi
No lo sé. 🤷‍♂️🤷‍♂️🤷‍♂️
Pero sí sé que las palabras de Etna me llegan directas al corazón y atraviesan mi personaje masculino.

Etna
Melendi, ¿sabes que yo conozco solo a cuatro personas conscientes? Lo digo por lo que has dicho de que, si hubieras nacido ahora, a lo mejor hubiera sido diferente. Pues a cuatro personas conozco con ganas de incluir y de unificar su parte femenina con la masculina; cuatro contadas, y todas son mujeres. 😅😅😅😅

Sergi
🤣🤣🤣🤣🤣

Melendi
☕☕☕☕☕
Veo que lo que nos cuesta es ser honestos. Si no estás dispuesto a ser totalmente honesto contigo mismo, cuesta mucho abrir la mente, porque uno se confunde fácilmente.

Sergi
Sí, finalmente se trata de ser honestos y de hacer frente a ese miedo a darnos cuenta de que no somos lo que hemos construido de nosotros mismos.

Lo que el feminismo está poniendo sobre la mesa, ahora que veo lo que dice Etna, es una revisión profunda del ser humano y del personaje social que hemos construido. Y también del desequilibrio que al final termina generando este personaje.

Etna, ¿te has sentido escuchada? 😊

Etna
Sí. 😂😂😂

Melendi
Ha sido brutal lo que has dicho del dolor. 😱😱😱

Sergi
Sí, muchas gracias. No llegamos a hacernos una idea de la ignorancia que hay todavía en nuestra sociedad. 😬😬😬

Melendi
Etna, me has llevado a ser honesto conmigo mismo, y eso es la base de cualquier cambio. 🙏🙏🙏

> Ha sido muy nutritivo. ¡Muchas gracias!

Sergi
Muchas gracias, Etna. 😃😍

Etna
Hasta pronto.
😗🥲🥲

Etna salió del grupo

Sergi
Melendi, ¿cómo te has quedado? 😂😂😂 Hemos pasado de buscar la igualdad de género a encontrar la posibilidad de tomar una decisión interna que nos una como seres humanos. 😮😮😮

> **Melendi**
> Etna lo tiene muy claro, ¿verdad?

Habla con mucha profundidad y lo ha enfocado desde un prisma diferente al que tú y yo teníamos. Inconscientemente, nosotros empezábamos ya a abordar el tema desde el conflicto. 👬👬👬😂😂😂

> Yo recuerdo sentir esa parte femenina. Sin embargo, no recuerdo haber sentido atracción por un hombre. ¿Eso se puede bloquear?

Sergi
Reencontrarse con esa parte interna femenina no necesariamente va ligado a sentir atracción por otro hombre. Estamos hablando de una reunión con uno mismo, de encontrar un equilibrio en uno mismo.

Manteniéndonos sordos a esa polaridad que todos tenemos, generamos mucho dolor, tanto en mujeres como en hombres.

Melendi
Cierto, para todos, porque sostener el macho también es doloroso. 🙇

¿Cómo se consigue que una persona sea honesta consigo misma?

Yo he tenido la suerte de encontrar en mi camino personas que me han ayudado a darme cuenta, pero ¿cómo consigue una persona que no ha tenido mi fortuna desenmascarar a ese personaje?

Sergi
Tiene que ver con una decisión de su alma. 😊

🎤 De hecho, tú no has hecho ese proceso porque hayan aparecido esas personas. Esas personas empezaron a aparecer en tu vida cuando tú empezaste a abrirte y empezaste a tomar decisiones internas distintas y a decirte «esto no tiene sentido», «esto tiene que ser de otra manera». Es entonces cuando empiezan a aparecer esas personas que apoyan un proceso tuyo natural e individual.

Por ejemplo, yo tenía muchas ganas de ver el feminismo desde un lugar más profundo. Y hoy aparece Etna y ella se ocupa de acompañarme hacia esa profundidad que no había visto.

Melendi
Me he quedado como desorientado.

Sergi
¿Me permites preguntarte algo?

Melendi
Sí.

Sergi
Si a esa sensación de desorientación le quitas la etiqueta «desorientación», ¿qué es lo que estás sintiendo ahora? 😃

Melendi
La misma mierda que siempre termino sintiendo, ignorancia. 🤣🤣🤣

Sergi
Creo que estamos sintiendo lo mismo, pero lo estamos viviendo de manera distinta. Yo estoy sintiendo vacío.

Melendi
Sí, puede ser.

Sergi
🎤 Todo lo que yo pensaba acerca del género y del feminismo ya no está y ha dejado un vacío. La conversación con Etna me ha dejado en un espacio de descolocación absoluta. Pero en ello hay un descanso, hay paz. La paz de sentirme descolocado con respecto a

mis ideas preconcebidas. Siento mucho agradecimiento por ese vacío de interpretaciones personales.

Y tengo la sensación de que estamos en el mismo descoloque, viviéndolo de dos formas distintas.

Melendi
Sí, ¡nos ha abierto un espacio que hay que rellenar con algo, ya! 😂😂😂
¡Hay que hacer nuevas interpretaciones! 🙆🙆🙆
¡No puede ser este descoloque! 🙆🙆🙆😂😂😂

Sergi
😂😂😂😂
Ese es el potencial. 🤩🤩🤩

Seguramente ha llegado el momento de reconocer nuestro machismo y reírnos de él. 😂😂😂😂

Melendi
Sí, sí, porque en el fondo me doy cuenta de que en cierto modo yo estaba luchando contra el feminismo. 😅😅😅

Sergi
Etna nos ha mostrado también que el feminismo como tal no existe. Existen mujeres con su visión y su reivindicación. Cada mujer lo vive y lo experimenta desde el lugar en el que se encuentra internamente.

Melendi
Sí, es que Etna, en realidad, por mucho que ella crea que lucha por el feminismo o por las mujeres, lucha por algo más profundo y poderoso, lucha por todos. 😊😊😊

Sergi
¡Cierto! En el feminismo de Etna el hombre está incluido, ¿verdad?

Melendi
Está incluido en su propia persona.

Sergi
¡Qué bonito es darse cuenta de esto! 🤩🤩🤩

Melendi
Menuda asignatura: acepta tu masculinidad y tu feminidad. Debería ser una asignatura en el colegio. No estaría mal, ¿verdad? 😜

Sergi
Y que podamos reconocer nuestros rasgos masculinos y femeninos y su potencialidad.

Aquí ya no hablamos de igualdad. 🙋🏻‍♀️=🙋🏻‍♂️ Estamos hablando de autoconocimiento y de honestidad con uno mismo. ♻️👩♻️👨

Melendi
Esto sí que es para todos. 👉♻️👈😄😄😄

Sergi
Así que, como sociedad, la posibilidad se encuentra ahí constantemente, viva.

De hecho, Etna acaba de abrir una posibilidad muy bella. Me siento muy agradecido. 😀😀😀

Melendi
Yo tengo esa sensación de cuando no entiendo lo que siento.
Me siento expuesto y vulnerable. Puede que sea miedo, no lo sé. 😐😐😐

Sergi
Sentir como sientes ahora es femenino. 😃😃😃

Melendi
De repente se me eriza el vello. ¿Qué está pasando? 🥺 … De repente siento que necesito ver *El diario de Noah*. 🫘🫘🫘🫘

Sergi
Yo también tengo el vello erizado. 😂😂
😂 ¿Quieres que la veamos juntos? 😍😍

Melendi
¡Voy a volver a ser macho de inmediato! 😅😅😅

Sergi
🫘🫘🫘🫘🫘🫘

Capítulo 6
El MIEDO
El carcelero invisible

El miedo
Sergi Torres
Melendi

Melendi
¿Recuerdas que hace unos días, hablando por teléfono, te preguntaba cómo dar ese salto a la autenticidad?

Sergi
Sí. 🤞✌️

Melendi
Pues me he dado cuenta de que en verdad le tengo miedo. 😬😱

Sergi
¡El miedo! Qué experiencia tan linda, ¿verdad? 😅😅😅😂😂😂

¿Recuerdas esa escena de la película *Matrix* en la que Morfeo invita a Neo a saltar de un edificio a otro?

Melendi
¡Sí! En la que le dice: «Neo, suelta todos tus miedos».

Sergi
¡Esa! 😎😎 ¿Recuerdas que Neo se sacude el pelo, en plan, «me estoy liberando del miedo»?

Melendi
¡Sí! Y luego salta y se cae. 🤣🤣🤣💦💦💦

Sergi
¡Exacto! 😅😅😅😅
Sentimos miedo. Sin embargo, el miedo es claramente una de las asignaturas pendientes del ser humano. Escondemos muchísimo más miedo del que creemos. 😬😬😬😬

Cuando siento miedo me parece muy interesante poder sentirlo con atención. 🔭🔭🔭

Me parece impresionante atender una emoción que, *a priori*, cuando la siento, parece que me gobierna. Es fascinante verlo y terrible a la vez, ¿verdad? 😂😂😂

🎙️ ¿No te resulta alucinante sentir una emoción que al sentirla gobierne tu manera de pensar, tus decisiones y tus acciones? ¡Como si fueras una marioneta! Cuando el miedo entra en escena, todo cambia.

🎙️ Te estoy hablando del miedo psicológico, del miedo que solo los seres humanos sentimos. No me refiero al miedo fisiológico que aparece cuando casi nos atropella un camión al cruzar la calle. Ese miedo en realidad es amor por la vida.

Melendi
Uno de mis mayores miedos, o el miedo que alimenta todos los demás, es el de no saber comunicarme. Supongo que es el miedo a no ser comprendido.

Al final, todo parece resumirse en ese miedo ancestral que tenemos a que no nos acepten de determinada manera. 😨😨😨😨

Sergi
Pues ahora estás transmitiendo honestidad y no miedo.

Es muy hermoso el gesto de mirar y ver. Porque al reconocerlo abres el potencial de liberarte de ello. Los miedos se superan viéndolos, no ocultándolos.

Una de las grandes características que tiene el miedo es la cantidad de inconsciencia que contiene. Por eso, en lugar de atenderlo, tratamos de sacárnoslo de encima. 😬😬😬

Melendi
Claro. Es que en el fondo te sientes atacado.

Sergi
¿Has dicho que te sientes atacado?

Melendi
Sí. 👍

Sergi
Entonces, cuando sentimos miedo, es porque debemos de sentirnos atacados en algún nivel, ¿verdad?

Melendi
De una u otra manera, sí.

Sergi
Y ¿dónde impacta en nosotros ese ataque?

Melendi
Impacta, supongo, en algo que escondemos.

Sergi
¿Puedo usar el ejemplo que has puesto antes?

Melendi
Sí. 👍

Sergi
Expresabas que sientes miedo a decir lo que realmente piensas, ¿verdad? Así que uno se siente atacado por esa situación. Pero, en realidad, detrás de ese ataque lo que hay es algo imaginado que creo que puede llegar a pasar si hablo.

Melendi
Exactamente, eso es. 👍👍👍

Sergi
Esa imaginación futura de lo que piensas que sucederá si dices lo que realmente piensas, se

basa en un recuerdo de algo que sucedió en el pasado. De modo que el miedo se basa en lo que recuerdas y en lo que anticipas como futuro, pero nunca se basa en la experiencia presente de lo que está sucediendo. 😐😬

Cuando el miedo se basa en algo que sucede en el presente, ese miedo es el miedo fisiológico del que hablábamos anteriormente. Es ese miedo que en realidad es amor por la vida. 🌸❤️

El miedo humano se basa en lo que se anticipa que puede suceder y en lo que se recuerda que sucedió. Esto nos termina nublando el presente. Nos aturde y no nos permite ver lo que está sucediendo. 👉💨🤚

El miedo nos hipnotiza con un mundo de imaginaciones temidas. 😱😱😱

Lo increíble, Melendi, es que no solemos darnos cuenta de que ese mundo está hecho de imaginaciones. ¡¡Lo que nos ataca son nuestros propios temores!! 😉🤪😜

> **Melendi**
> Es un carcelero tremendo. 😳😳😳

Sergi
Exacto, porque funciona en bucle. Tengo miedo de lo que imagino y esa imaginación me ataca de forma que la temo. ¡Qué locura! 🧟‍♂️🧟‍♂️🧟‍♂️🤣🤣🤣

> **Melendi**
> Un carcelero invisible.

Sergi
Nuestro miedo nos encierra dentro de un bucle fabricado con nuestros propios miedos. ♻️😱♻️

Creemos que el miedo nos salva de un futuro doloroso. Pero ese miedo al futuro nos hace sufrir en el presente. ¡Más loco aún! 😂😂😂

Melendi
¡Esto es tener miedo al miedo! Tener miedo al sufrimiento antes de sufrir por ello. Así, me paso la vida proyectando mogollón de cosas, Sergi. 😂😂😂

De hecho, cuando las cosas me van extremadamente bien, es cuando más miedo tengo. 🥺🥺😰😰

Sergi
Qué curioso, ¿verdad? Ahí se ve muy clara la diferencia entre el miedo con sentido y el miedo imaginado. El primero nos mantiene vivos, mientras que el segundo nos amarga la existencia. 😬😬😬

Melendi
Pero ese miedo imaginario lo siento en todos los poros de mi cuerpo. Cuando las cosas van bien, pienso: «esto no puede ser, seguro que algo malo viene detrás». 🙇‍♂️🙇‍♂️

¿Puede que esto esconda un sentimiento de «no merezco todo lo bueno que me está pasando y por eso merezco que algo malo pase»? 🙇‍♂️🙇‍♂️

Sergi
El miedo es la semilla de todas las emociones. Desde la felicidad más feliz, egotista, hasta el pánico más espantoso.

Melendi
¿El miedo está detrás de la felicidad? 😨😨😨

Sergi
¡Sí! 😅😅😅

Melendi
¿De qué manera? 😐😐😐

Sergi
¿Te has fijado que cuando sentimos nuestra felicidad no tardamos en sentir 👉 el miedo 👈 a perderla?

Melendi
Sí.

Sergi
La felicidad no es una emoción humana. La felicidad ya existía antes de que los seres humanos existieran. La felicidad es lluvia, es rayo de sol, es el aire que respiramos. ¡La felicidad es vida!

Se dice que un ser humano que teme la vida vive muerto. Tememos la vida y por esta razón sentimos miedo por todo lo que sucede en ella. 😬😬😬

En cambio, basamos nuestra felicidad en aquello que sucede en nuestra vida, pero no en la vida misma. Por eso nada nos hace felices de verdad. 😬😬😬

Melendi
Entiendo. 👍 ¿Dónde está la felicidad verdadera? ¿Es un estado?

Sergi
Sí, el de Wisconsin. 😬😬😬

Melendi
🤣🤣🤣🤣🤣 Yo soy más de Alabama.

Sergi
🤣🤣🤣
Sí, es un estado, un estado muy simple pero apenas nadie se da cuenta.

Melendi
¡No me digas! 😂😂😂

Sergi
No he dicho fácil, he dicho simple. 😅😅😅😅

Melendi
¡Suelta cómo alcanzarlo y se acabó la charla! 😂😂😂

Sergi
😂😂😂 Lo voy a soltar, pero tienes que acompañarme. ¿Estás listo?

elendi
¡¡Suéltalo, venga!! 😂😂😂

Sergi
Pon tu atención en ti.

Melendi
OK. Ya.

Sergi
¡Pues ya está!
Eso que sientes ahora es tu estado de felicidad.

Melendi
¡Aaaaah, noooo! 😂😂😂 No, no, no, no… A mí no me vengas con estas.

Para mortales.

Sergi
😂😂😂
Al atenderte, sientes lo que sientes ahora, ¿cierto?

Melendi
Sí.

Sergi
Sentirlo es el estado de felicidad. Apenas nadie disfruta de ello porque cuando sentimos miedo o tristeza, en lugar de sentirlo y descubrirlo, lo que hacemos es despreciar y rechazar esa emoción.

Ahí empieza una guerra contra nosotros mismos y esa guerra no nos deja ver la belleza de sentir. Sentir es una de las capacidades más bellas y desconocidas del ser humano. 😐😐😬

Melendi
¡Coño, qué difícil es esto! 😫😫😫

Sergi
Ser consciente es la felicidad. Y apenas nadie lo ve. 🤓

Melendi
OK, OK, pero bajemos a la Tierra. Estamos demasiado elevados.

Sergi
Te pongo un ejemplo. Imagina que tu hijo nunca se hace la cama. Tú se lo pides cada día. Y llega un día que sientes mucha rabia al ver que además ha dejado toda la ropa sucia tirada por el suelo. 😡😡😡

Ahora imagina que tu hijo muere. En ese momento darías lo que fuera por poder volver a sentir lo que sentías al ver que no se hacía la cama.

Sentir esa rabia ahora nos haría felices. Pero mientras la sentimos la despreciamos porque nos incomoda sentirla. 👉😒👈

Nos hemos convertido en unos elitistas emocionales. 😬😬😬😂😂😂

Melendi
Sí, pero mira esto. Yo soy hipocondríaco hasta la muerte. 😅

Sergi
¿Así te defines?

Melendi
Así soy.

Sergi
😂😂😂😂

Melendi
Es terrible. 🙍‍♂️
Entonces, en este caso, ser consciente de esa hipocondría no me hace feliz. Yo soy consciente de ello, pero no por serlo soy feliz.

Sergi
No, claro que no te hace feliz. 🤣🤣🤣

Melendi
¡Pero dices que sí! 👬👬👬

Sergi
No, yo no te he dicho que te haga feliz. He dicho que sentir es la felicidad.

Melendi
¿¿Qué es la felicidad entonces, Sergi?? 😂😂😂

Soy muy consciente, cuando voy al médico a hacerme cincuenta mil análisis, de que soy hipocondríaco. Me sale un granito debajo de la lengua (esto sucedió ayer mismo) y pienso lo peor. 💀💀💀💀

> O, es más, yo me hago una PCR cada mañana para ver si tengo la COVID-19. Así que consciente soy. Pero ser consciente de ello, insisto, no me hace feliz.

> ¿Lo que tratas de decirme es que mi sufrimiento está en cómo yo vea mi hipocondría?

Sergi
¡Bingo! 👏👏👏 Radica en qué haces tú con ello.

> **Melendi**
> ¿No debería cambiar lo que siento? ¿Debería aceptarlo?

Sergi
Ni tan siquiera eso, es más simple.

> **Melendi**
> ¡Sergi, por Dios! Tíramela ya, mira cómo me tienes. 💃💃💃

Sergi
🤭🤭🤭
No puedo, tienes que verlo por ti mismo. ¿Vamos?

> **Melendi**
> Vamos.

Sergi
Siente tu hipocondría.

> **Melendi**
> La siento. Es un velo que está constantemente en mi cabeza. Incluso cuando ahora hablo contigo.

Sergi

🎤 Al sentirla es cuando empiezas a bombardearte con un sinfín de pensamientos: «Esto que me sucede seguro que es grave», «seguro que ya no puedo cantar más» o, peor aún, «seguro que muero». «Si muero, pasará esta cosa con mi familia.»

Melendi

¡¡¡Dios!!! 😰😰😰😰😰😰
¡¡¡Para, para!!! 😰😰😰😰😰😰
Estos son mis pensamientos diarios.
😰😰😰😰😰

Sergi

Pues te presento a la versión hipocondríaca de la hipocondría. Esta es la versión inconsciente. Aquí viene la versión simple, la consciente. 😊😊😊

Melendi

Pero si yo ya soy consciente de eso. Todo lo que me estás diciendo, esos mecanismos, los veo. Sé que son mentira, pero están ahí.

Sergi

Sí, pero te identificas con ellos. Terminas construyendo el personaje «soy hipocondríaco». El «soy hipocondríaco» justifica y sustenta todo ese ametrallamiento mental. 😬

Si te crees que eres hipocondríaco, estás a merced de todo esto que acabamos de ver.

Melendi
Esto se me ha pasado por la cabeza, incluso he pensado que la hipocondría viene de un papel que yo adquirí de pequeño. Por algún motivo lo estoy perpetuando.

Sergi
OK, vamos a zambullirnos. De hecho, zambullirse es la versión consciente de la hipocondría. 🤩
¿Me puedes decir qué sientes sin que tu cabeza te diga «eso es hipocondría»?

Melendi
Incertidumbre.

Sergi
¡Bingo! 👏👏👏
Ahora siente esa incertidumbre y quítale la etiqueta 👉 «incertidumbre». 👈 ¿Qué sientes?

Melendi
Miedo.

Sergi
Bienvenido de nuevo a la semilla de todas las emociones del ser humano actual. Sientes la hipocondría, luego sientes la incertidumbre y finalmente el miedo. 😤👉😐👉😱

Son capas de sentimientos. Cuanto más profundo, más te conectan a ti. Cuanto más conectado estás a ti, más felicidad puedes descubrir. 😤👉😐👉😱👉🤩

🎤 En lugar de usar la hipocondría, o lo que sea que sentimos ahora, para aprender de nosotros mismos, la usamos para luchar contra ella y los posibles escenarios imaginados, a cuál peor. Don Quijote y sus molinos.

🎤 Conocernos nos hace libres. Curiosamente, casi nadie indaga en sus emociones. Todas las emociones nos vinculan a la vida y eso es la felicidad. Sin embargo, vivimos en pie de guerra tratando de aniquilar las emociones desagradables y esclavizar a las agradables.

Menudo negocio, ¿verdad? 😬😬😬
😂😂😂

Melendi
Esta emoción que siento ahora en la tripa, ¿es la felicidad, dices?

Sergi
En su esencia, lo es.

Melendi
Pero según cómo la interpretemos termina siendo una cosa u otra. ¿Es eso?

Sergi
🎤 La mayoría de las personas, cuando sentimos una emoción, solo nos interesa si es agradable o desagradable. Pero, insisto, todas las emociones nos conectan a la vida, y esto nos da sentido.

Este sentido de vida no se ve cuando en lugar de sentir lo que sentimos, intentamos sentirnos bien.

Melendi
¿Tener esa conexión es lo que llaman despertar espiritual?

Sergi
Es un paso hacia la vida.

Muchas personas creen que la iluminación es un estado donde ya no sientes tristeza. Una persona despierta espiritualmente acoge felizmente su vida, tristeza incluida, igual que un niño acoge su ignorancia. 🤩🤩🤩

Melendi
¿No me voy a elevar ni nada por el estilo? ¿Solo tengo que sentir esta cosa que tengo en el estómago?

Sergi
No hay elevación ni fuegos artificiales ni levitación trascendental… Hay honestidad y vida. 😊

Melendi
Voy a cambiar de gurú… 🤨 ¡Tú no me vales! 🤣🤣🤣🤣🤣

Sergi
¡Soy un farsante, Melendi! 🤣🤣🤣🤣

Melendi
Tú no me estás haciendo ningún favor. 🫘🫘🫘🫘🫘

Sergi
Si lo que buscas es sentir felicidad para escaquearte de ti, vas a decepcionarte muy a menudo. 😬😬😬

Melendi
Pienso ahora en todos los jóvenes. ¿Qué mensaje se les puede mandar?

Sergi
Qué gran reto viven nuestros jóvenes, ¿verdad? Lamentándolo mucho, yo no tengo mensajes ni consejos para dar. ¡Vuelvo a decepcionarte! 😂😂😂

Lo que sí he visto es mucha madurez en aquellos jóvenes que he tenido la fortuna de acompañar en sus procesos de dolor y de miedo.

Están creciendo en un mundo más consumista, más tecnológico y más basado en las apariencias que el de nuestra adolescencia. Esto significa reto, pero también significa posibilidad.

Les toca descubrir por sí mismos dónde está lo auténtico y lo genuino de sus vidas viviendo en un mundo muy artificial.

Melendi
Yo no sé si te pasa a ti, pero yo con mis hijos tengo miedo también. No sé si eso es quererlos. Quizá esté siendo egoísta, por aquello de que no les pase nada para no sufrir yo. Muy a menudo me pregunto si es verdadero amor lo que siento o simplemente otra forma de miedo. 😱😱😱

Sergi
🎤 No sé la respuesta a eso. Sí sé que cuando siento miedo, no puedo amar. Amar y temer son dos acciones opuestas. Como bajar y subir. El miedo cierra el corazón, el amor lo abre.

Melendi
Sí, así lo veo yo cuando estoy lúcido. Soy egoísta con ellos.

Sergi
Ser egoísta significa temer a la vida y eso no es ni malo ni bueno. Observa que detrás de cualquier actitud egoísta hay miedo.

🎤 Educar proviene de la palabra *educare*, que significa acompañar. Muy a menudo, sin darnos cuenta, acompañamos a nuestros hijos hacia nuestro temor a la vida. Y curiosamente el miedo y la creatividad o el miedo y la libertad son caminos divergentes.

Melendi
Entonces, ¿les pasamos nuestros miedos a ellos?

Sergi
Les enseñamos que guiarse por el miedo es la opción más sensata. «¡Tú desconfía, hijo, y verás qué bien te va todo!», les decimos.

Melendi
🎤 Quiero compartir una cosa personal. ¿Recuerdas esa frase, que tanto hemos oído decir, «yo los he criado a los dos igual y uno ha sido drogadicto y el otro no?». Pues bien, para mí esto no es cierto. No criamos a nuestros hijos de igual manera. Hay algunos en los que proyectamos nuestros miedos de forma más clara.

En cambio, a otros hijos los potenciamos porque los amamos sin miedo. 👨‍👦👨‍👦👨‍👦

Sergi
Primero proyectamos nuestros miedos y nuestras carencias en ellos y luego tratamos de salvarlos de ellas. Qué irónico, ¿verdad? 😐😐😐

Melendi
Sí, la verdad es que visto así es tremendo.

Sergi
Pero existe una salida, Neo, 😎 ir hacia dentro de ti.
Ahí dentro descubrirás que lo que tú proyectas en tus hijos no es verdad. 😬😬😬😬

Melendi
¡Entra ahí! Explícame esto, por favor. 😆😆😆😆

Sergi
Lo que tú proyectas solo son recuerdos de lo que tú viviste en tu pasado.
Verás, recuerda algo del pasado que tú creas que te ha marcado y que pudieras estar proyectando sobre tus hijos.

Melendi
OK. Lo miro.

Sergi
Ahora, mírame.

Melendi
Te miro.

Sergi
Ahora deja de mirarme y recuérdame.
¿Puedes ver que ese recuerdo que tienes ahora de mí no soy yo? Yo soy yo, y tu recuerdo de mí es tu recuerdo, pero no soy yo. 😀

Melendi
Así es.

Sergi
Ahora, recuerda ese acontecimiento del pasado. ¿Lo recuerdas?

Melendi
Sí.

Sergi
Eso no es lo que sucedió.
También es un recuerdo tuyo.

Melendi
Pero recuerdo que sucedió. 😐😐😐

Sergi
Eso no es lo que sucedió, eso es lo que tú recuerdas que sucedió; es tu recuerdo. Parece una estupidez, pero la diferencia es abismal.

Melendi
Es mi recuerdo de lo que sucedió.

Sergi
🤦🤦🤦🤣🤣🤣
Cuando haces el ejercicio conmigo te resulta sencillo ver que yo no soy tu recuerdo de mí. Pero con tu pasado es distinto, ¿verdad? 😃😃😃

Melendi
Porque tú no me generaste emociones intensas.

Sergi
Todavía no. 😃😃😃 Es broma. 😅😅😅
¿Lo probamos una vez más?
¡Mírame!

Melendi
Te miro.

Sergi
Deja de mirarme y recuérdame.

🎤 ¿Puedes ver que ese recuerdo que tú tienes de mí en tu cabeza es creación cien por cien Melendi? Es tu construcción de quien tú crees que yo soy. Es un recuerdo parido completamente en tu cabeza. Es un pensamiento completamente tuyo, con forma de Sergi, cierto, pero eres tú cien por cien.

¿Puedes ver como tú me piensas a mí desde tu manera de pensarme? 😂😂

Melendi
¡Ah! 😮🤯

Sergi
Ahora recuerda de nuevo eso tan doloroso de tu pasado.

Melendi
Lo recuerdo.

Sergi
¿Puedes ver que ese recuerdo es cien por cien tú? Es tu pensamiento, está en tu cabeza.

Melendi
Sí, es un pensamiento mío, ¡pero sucedió! 🤯🤯🤯🤯🤯🤯🤯🤯

Sergi
Si tu pensamiento de mí, no soy yo, tu pensamiento de lo que sucedió tampoco es lo que sucedió. 😂😂😂😂😂

Melendi
Entonces… ¿nuestras acciones no nos definen? 🤔

Sergi
No, para nada. Puede parecer muy loco, pero somos nosotros los que definimos las acciones y luego las usamos para definirnos.

Socialmente esto seguramente sea inaceptable, porque dependemos de las acciones para juzgarnos los unos a los otros. Pero si indagamos un poco veremos la verdad: nos basamos en las acciones para definirnos, porque no tenemos ni idea de quiénes somos en verdad.
🤣🤣🤣🤣🤣

Melendi
Ay, ¡¡¡¡mi madre!!!! 😵😵😵

Sergi
Un ejemplo: imagina que visitamos una escuela en la que los maestros y las maestras golpean a sus alumnos para educarlos debidamente.

Si estuviéramos en 1955, veríamos maestros respetables y exigentes que solo pretenden formar a futuras mujeres y hombres hechos y derechos.

Si miramos la misma acción en 2021, veremos maestros irresponsables, insensibles y detestables.

Vista en el año 2343, ni tan siquiera juzgaríamos a los maestros y las maestras de esa escuela. Simplemente sentiríamos profunda compasión.

Nosotros definimos primero la acción en función de nuestras ideas de la época y luego, y solo luego, nos juzgamos a nosotros y a los demás.

¡La acción no nos define! 😂😂😂😂

Melendi
¡Me vas a volar la cabeza! 🤯🤯🤯🤯

Sergi
😂😂😂
Ver desde distintas perspectivas lo que siempre hemos visto de la misma manera nos ayuda a ser libres de nosotros mismos y de nuestro pasado. Apenas nadie se pregunta «¿quién soy si no soy mi pasado?».

Melendi
Entonces tengo que dejar de ser hipocondríaco, pero no sé otra manera de vivir.

Sergi
Por esa razón te cuesta darte cuenta de que lo que para ti sucedió ya es un recuerdo tuyo que recuerdas en función de cómo quieres verte hoy en día. 😬🤭

Esto lo hacemos todos, pero al no darnos cuenta de ello, nos quedamos atrapados en nuestros propios recuerdos. 😱

Sufrimos día tras día por algo que en realidad ya no está ahí. 🤦🤦🤦

Mira este ejemplo, ¡me parece apasionante! 🤩🤩🤩

🎙️ Si yo recuerdo que me baño en el océano Atlántico, no me mojo, ¿verdad? Recordarlo no es bañarme en el océano Atlántico. Bañarme es bañarme y eso tiene sus efectos: me mojo, siento la temperatura del agua, etc. Pero recordar que me baño en el océano, como no es bañarme en el océano, no tiene efectos. No siento la temperatura, me la imagino. No me mojo, me lo imagino.

🎙️ Sin embargo, cuando recuerdas eso que te duele recordar, le das la categoría de ser un hecho y, cada vez que recuerdas eso, piensas que te afecta igual que si estuvieras bañándote ahora. Entonces te enojas, o te entristeces o te sientes feliz en función de un recuerdo que en verdad no te afecta y que no tiene la capacidad de definir lo que ocurrió en un pasado.

Melendi
¿Entonces es una decisión mía sentirme mojado al recordar que me baño?

Sergi
¡Bingo! 👏👏👏

🎤 Al darte cuenta de este tremendo autoengaño, activas tu poder y tu libertad. Si decidir sentirte mojado al recordar que te bañaste es decisión tuya, también es una decisión tuya decidir ahora qué quieres hacer con todo ese pasado que recuerdas ahora.

¡Hola, Neo! 😎

Melendi
🤣🤣🤣🤣🤣
No eres víctima de lo que pasó, pero sí tienes la responsabilidad de cambiarlo. ¿Es así?

Sergi
Ahí aparecen nuevas preguntas que uno no se hace cuando cree ser hipocondríaco. Por ejemplo, ¿por qué decido ver ese pasado de esa manera? ¿Por qué decido vivir como víctima de esto que recuerdo?

Melendi
Supongo que de alguna manera no quiero perdonar a esa persona que me hirió.

Sergi
¡¡¡Bingo!!! 👏👏👏👏👏🤩🤩🤩

🎤 No perdonando a esa persona, esa persona sigue siendo la culpable de esa herida. De esa forma no te haces responsable de tu experiencia emocional y te sigues mostrando al mundo en forma de víctima.

Melendi
No quiero seguir leyéndote, no quiero seguir leyéndote. 😂😂😂

Sergi
😂😂😂

Melendi
¿Y dónde queda el miedo?

Sergi
El miedo humano queda en una excusa que usamos para no ser libres, porque en realidad es lo que más miedo nos da, la libertad.

🎤 Tenemos pánico a darnos cuenta de que no sabemos quiénes somos. Tememos darnos cuenta de la dependencia que hemos generado con nuestras culturas, con nuestras ideologías e incluso con nuestras nacionalidades.

Preferimos que nos digan quiénes somos y, sobre todo, qué hacemos en este mundo. ¿Pero quién soy yo sin mis recuerdos? ¿Quién soy? Pues no tengo ni idea. 😂😂😂😂

Preferimos creernos ciegamente nuestros recuerdos que hacer frente a nuestra ignorancia. 😛😵😛😵😛😵

Eso te deja solo frente a ti mismo. Porque ya no es tu pasado lo que importa, sino las decisiones que tú tomas ahora al respecto.

Esto me recuerda hasta qué punto soy responsable de mi experiencia de vida.

Ver esto me deja en silencio. 👉🤐💪

Melendi
🤫 Chssssss. Duérmete niño, duérmete ya… Chssssss. Ya pasó, Sergi, ya pasó. 🫘🫘🫘🫘🫘

Sergi
Analizar esta cuestión, como puedes ver, me apasiona. 😂😂😂😂
Porque en realidad este es el reto, ¿verdad? No se sale del miedo huyendo, sino cruzándolo y yendo hasta lo profundo.

Melendi
Sí. Hay un tipo muy interesante, Will Smith, que tiene reflexiones muy poderosas en este sentido.

Sergi
¿Has visto la película *After Earth*?

Melendi
¿La que hace con su hijo? Sí.

Sergi
Va justamente de esto que estamos hablando. 😃

Melendi
Sí, salen unos bichos que huelen el miedo. ¿Los recuerdas? Son ciegos pero se guían por su sentido del olfato y huelen el miedo de sus presas. 😨

Sergi
¿Recuerdas que hay un momento en el que al chico le va la vida en aprender a no sentir miedo? 😂😂😂

Melendi
Hay un vídeo en el que Will Smith va a un colegio a dar una charla a los estudiantes; en ella les dice: «tenéis que saber que todas las cosas bonitas que hay en el mundo, Dios las puso justo detrás del miedo». No las podrás ver hasta que no te atrevas a sentirlo, a atravesarlo y a mirar al otro lado del miedo. 😮😮😮😮

Sergi
El otro día le escuchaba explicar en una conferencia su experiencia al saltar de un avión en pleno vuelo.

Melendi
Yo lo vi también. Primero está cagado de miedo. 😂😂😂😂

Sergi
¡Sí! 😂😂😂😂
Dice: «¿cómo es posible que no haya podido pegar ojo durante toda la noche, imaginando lo peor que podía suceder, cuando en realidad ha sido una experiencia increíble?».

Melendi
¿Sabes que yo también fui a saltar en paracaídas? 😂

> Mi mujer me dijo: «tienes que empezar a correr riesgos», y me regaló una experiencia para tirarme como Will Smith. 😂😂😂😂

Sergi
¿Lo disfrutaste? 😂😂😂😂

> **Melendi**
> No lo sé, no subí al avión. 😬😬 🫘🫘🫘🫘🫘
> No soy capaz de hacerlo. 🙍
> ¿Qué debería hacer para conseguir saltar? 🧍

Sergi
Darte cuenta de que saltar no es lo que te da miedo. Te da miedo lo que piensas que sucederá al saltar.

¿Sabes una cosa? Creer que saltarás cuando no sientas miedo es la razón por la que nunca lo haces. 😬😬😬

Para saltar tienes que hacerlo con tu miedo a saltar. Pero cuando saltas con todo tu miedo, la experiencia de cruzarlo es espectacularmente liberadora.

No intentes superar tu miedo antes de saltar, no es posible.

> **Melendi**
> ¿Consideras que es necesario que salte?

Sergi
No lo sé. Yo salté en una ocasión, sé que es algo divertido. 😂😂😂

Melendi
¿Cambiaría algo en mí si saltara?

Sergi
Sin duda, porque empezar a darte cuenta de que tu miedo te miente, como le pasa a Will Smith, te permite mirarlo y decirle: «te escucho, pero sé que me estás mintiendo».

El miedo es ignorante. El miedo ignora aquello de lo que tiene miedo. 😅😅😅

Melendi
Y siempre se pone en lo peor.

Sergi
El miedo, una vez te lo crees, produce incapacidad. Pero la capacidad de saltar sigue oculta ahí dentro de ti.

Si quieres saltamos juntos. 😂😂😂😂

Melendi
¿Sí? ¿Me acompañas?

Sergi
¡Por supuesto! 😃

Melendi
No me voy a atrever, te voy a defraudar. 😂😂😂😂

Sergi
Una cosa quiero que quede clara. Yo te acompaño hasta ahí, aunque sea para ver cómo decides no tirarte.

El objetivo no es saltar. El objetivo es mirar al miedo como si fuera un colega que no sabe lo que está diciendo. 😂😂😂😂

Melendi
Creo que no me voy a atrever. 😫😫😫

Ya me sudan las manos. 😨 No quiero ir y no saltar. Lo pasé tan mal la otra vez. 🙈🙈🙈

Sergi
Pues vayamos a pasarlo mal. Total, solo es miedo. 😂😂😂

Melendi
Se me está poniendo la tripa ya como… 😨😨😨😨
Me voy a cagar vivo. 😱😱😱

Sergi
¡No lo sabes! 😂😂😂

Melendi
Sí, sé que me voy a morir de miedo. Bueno, no sé… Bueno, podemos intentarlo.

Sergi
¿Sabes qué sentí cuando yo salté? Miedo. 😂😂😂

Melendi
¡¡¡Pues vaya, pa' eso, lo siento en casa!!! 😂😂😂

"Cualquier tiempo pasado NO fue mejor"

Capítulo 7
CARLOTA Y ARNAU
Los jóvenes nos enseñan

Carlota y Arnau
Sergi Torres
Melendi

> **Melendi**
> Sergi, ¿estás?

Sergi
Dame un minuto.

> **Melendi**
> ¿Hola?…

Sergi
Hola, hola, ya estoy aquí.

> **Melendi**
> Me interesa cómo vive un extraterrestre ser padre. 👽

Sergi
No tengo el teléfono de ninguno. 🤭📡

> **Melendi**
> Pues vaya mierda… 😤

> Bueno, a falta de pan, buenas son tortas. Aceptamos Sergi como extraterrestre de compañía. 👽🐙

Sergi
😂😂😂😂

Melendi
Me genera mucha curiosidad verte en tu faceta de padre.

Sergi
Pues para eso vamos a tener que invitar a Arnau. Pero lo hacemos juntos, ¿no?, como lo de saltar del avión.

Melendi
😂😂😂😂
¿A qué te refieres?

Sergi
Tú invitas a Carlota y yo invito a Arnau, ¿vale?

Melendi
¡Ostras! OK, se lo voy a preguntar.

Sergi
Quedamos en una fecha, abrimos un grupo y nos encontramos los cuatro.

Melendi
¿Qué te parece este sábado, que Carlota está conmigo?

Sergi
¡Hecho!

Sábado

Se añadió a Arnau

Se añadió a Carlota

Melendi
Hola, Sergi ¿estáis listos?

Sergi
Sí, sí, aquí estamos.

Melendi
¡Hola, Arnau! ¡Encantado!

Arnau
Hola, Melendi, ¡igualmente! 🤘

Sergi
¡Hola, Carlota! ¡Gracias por estar aquí los dos!

Carlota
Un placer, hola a todos. 😊

Melendi
Bueno, ¡voy!

El mundo en el que vivimos es raro. Entiendo que jóvenes como Arnau y Carlota se puedan sentir frustrados. Recuerdo que la mayoría de enfados con mis padres tenían que ver con que no entendían mi visión de las cosas.

Nos cuesta ponernos en los zapatos de nuestros hijos y el mundo de la tecnología y las redes sociales quizá nos haya distanciado aún más.

Arnau, yo, igual que tu padre, soy incapaz de subir una foto a Instagram. 😅🤣🤣🤣

Para vosotros, sin embargo, es vuestra manera de comunicaros, vuestra manera de reivindicaros, es natural. 🧗🧗

Sergi
Me cuesta entender que estéis viendo una película mientras atendéis a Instagram y conversáis por Telegram a la vez. 😜😂

El mundo de la tecnología ha propiciado el mundo de la inmediatez y de la simultaneidad.

Todo se consume muy rápido. Nuestra generación tenía que esperar una semana para ver el siguiente capítulo de nuestra serie preferida. 😵

Con estos dos mundos tan diferentes, Carlota, Arnau, ¿vosotros tenéis la sensación de que no os entendemos?

Carlota
Sí, pero veo que es algo normal. Es decir, a ti papá también te pasó cuando eras pequeño con los abuelos, ¿verdad? 😉

De hecho, a nosotros nos va a pasar con nuestros hijos. Seguramente saldrán tecnologías que a lo mejor no entenderemos. 🤷

Entonces, no me voy a enfadar con mi padre por no entenderlo, ni me voy a sentir ignorada. Es algo que es así, y creo que va a seguir siéndolo siempre.

Arnau
Sobre lo que decías de estar viendo una película y mirar el móvil al mismo tiempo, creo que sucede porque se ha vuelto para todos un acto reflejo. 😬😬😬

Lo haces sin querer. Aunque no quieres mirar el móvil, lo sacas, lo miras y lo vuelves a guardar. No es que tengas un interés en mirarlo, pero lo haces como un acto reflejo. 👦

Carlota
Sí. 🙎

Melendi
Estamos entrando peligrosamente en el mundo de las adicciones. 😐

Arnau
Sí, adicto y dependiente también. 😬

Melendi
Sí, hay una dependencia. Arnau, yo voy a ser crítico, ¿vale?

Arnau
Vale. 👌

Melendi
¿Qué opinión te merecen las fotos de lo que la gente come, los tipos que salen marcando músculo después de entrenar, etc., etc.?

¿No te parece que hay algo sospechoso? 😬😬😬

Sergi
«Postureo» lo llaman, ¿verdad? 💪😶

Arnau
Yo no hago eso. 🙄

Me parece bien que otros lo hagan, pero creo que quieren mostrar una falsa felicidad. Quieren mostrar un *yo* que es totalmente feliz 😃 y dar a entender que, si me conoces, serás también feliz y lo pasaremos muy bien juntos. 😃😃

Melendi
Bueno, eso siempre se ha intentado vender de alguna manera, y no teníamos redes sociales. 😂😂😂

Lo que pasa es que ahora se ve muchísimo más.

Por cierto, ¿cómo llevasteis los adolescentes no haber podido salir en un año? Entre el confinamiento y las restricciones por la COVID-19…

Arnau
Yo al principio me alegré, parecía que el encierro iba a durar solo dos semanas. 🤭🧏

Pero terminé agobiándome mucho. Suerte que teníamos la tecnología para seguir comunicándonos, pero aun así se me caía la casa encima, la verdad. 😢

Sergi
Y tú, Carlota, ¿cómo lo viviste?

Carlota
Al principio un poco agobiada, pero luego al final te vas acostumbrando a la realidad de ahora. Como no he sido mucho de salir, pues lo llevo bastante bien.

Sergi
Claro, igual que yo. 😂😂😂

Melendi
A mí me preocupa que las personas se adapten demasiado a esta «nueva normalidad». Si esto fuera así y nos acostumbramos a esta distancia social, me temo que voy a tener que reinventarme… pero bueno, no pasa nada, pondremos una frutería, ¿verdad, Carlota? O nos vamos pal' pueblo. 😂😂😂😂😂

Carlota
¡Vale!, una frutería. 😂😂😂😂

Arnau
Hay mucho miedo en el ambiente. 👀👀👀

El otro día dos mujeres mayores nos grabaron a mí y a un colega con su móvil mientras decían: «aquí tenemos a dos jóvenes paseando tranquilamente durante el toque de queda». Y aún faltaban diez minutos para que empezara. 👿👿👿

Sergi
Por eso para mí es tan positivo lo que tú, Melendi, mencionabas antes. Ese poder cuestionarlo todo.

Carlota, ¿tú cómo ves a tu padre? 😉

Carlota
Lo veo como un niño.

Sergi
Qué bonito.

Melendi
En esta relación, la madura es ella. 😂😂😂😂😂

Sergi
Tu padre expresa cosas que muchas personas no expresarían. Y para mí esto tiene mucho valor.

Tener un padre que sea niño, debe de ser muy divertido. 😂😂😂😂😂

Carlota
Sí, está guay, porque en parte puede entender muchos aspectos de mí, pero a veces también es difícil.

Melendi
Sí, porque soy como un adolescente en muchos aspectos. Cuando me enfado también me enfado como tal.

¡No puedo creer que tenga 42 años! 😱😱😱

Cambiando de tema ¿qué opináis de los nuevos fenómenos de la red como el Rubius o Ibai?

Carlota
Ibai me encanta.

Melendi
Son auténticos, ¿verdad?

Sergi
¿Por qué te gusta Ibai, Carlota?

Carlota
Porque me da muy buen rollo. No sé, me cae muy bien. Por los vídeos que he visto de él.

Arnau
🎤 Yo a Ibai lo sigo, por la misma razón que Carlota. Pero no sigo a ninguno especialmente. Auronplay también me gusta porque también es como es. El Rubius, también. Él tuvo que parar un año y medio de subir contenido porque sentía mucha presión por tener que subir algo que gustara a todos sus seguidores.

Melendi
¡Uy, eso es terrible! Yo pasé por ahí. 🙍‍♂️

Soltar al personaje que te está haciendo infeliz. Cuando quieres volver a ser tú, sientes miedo a perder a esas personas que te han conocido siendo solo el personaje. Es como una salida del armario.

¿Vosotros sois conscientes de vivir bajo una máscara o un personaje?

Arnau
🎤 Sí, soy consciente. Hace dos años actuaba bajo un personaje. Apareció porque no estaba conforme con el *yo* de ese momento. Entonces me convertí en ese personaje, literalmente. Desde fuera parecía que me lo pasaba muy bien, pero por dentro me sentía mal. Entonces, el año pasado tuve un cambio de chip y volví a ser yo. A partir de ese cambio, aparecieron otras personas en mi vida con las que ahora me siento muy conforme. Me siento feliz a su lado. En cambio, antes me sentía muy triste.

Carlota
Yo me he dado cuenta de que no era tan feliz como pensaba. Y al darme cuenta, he decidido hacer un cambio. Es un cambio grande, los cambios son buenos.

Melendi
Así es, hija.

Sergi
Esto que acabáis de decir me parece muy importante. 🌟
Poder miraros y ser honestos con vosotros mismos y a partir de ahí poder tomar nuevas decisiones me parece increíble, Carlota. O tú, Arnau, ver ese personaje y soltarlo y ver cómo la vida responde es impresionante. 🤩

Cambiando de tema, ¿cómo veis el mundo en el que estáis viviendo?

Carlota
No es un mundo fácil. Hoy en día te pueden hacer daño con muchas más cosas, como por ejemplo las redes sociales. 🧑

Melendi
¿Tú cómo te ves dentro del mundo de las redes sociales?

Carlota
A mí me da igual, pero hay mucha gente a la que le importa mucho.

De pequeña, para la gente, no era Carlota, era la hija de Melendi.
Al principio es un peso, luego te vas acostumbrando y al final piensas «es que es lo que soy». 🧑🧑🧑

Melendi
Ostras, hija, yo no sabía eso...

Carlota
Querían conocer a la hija de Melendi, no a Carlota. Era como…

Melendi
Una mierda, ¿no?

Carlota
Sí, pero se lleva.

Sergi
Carlota, ¿tú qué crees que puedes aportar a este mundo?

Carlota
Ni idea. 😕 Es que no me conozco a mí misma, entonces… no sé qué decir. Poco a poco iré viendo.

Melendi
Es un buen paso decir que no te conoces a ti misma.

Arnau
Yo creo que estamos en proceso de conocernos. Así que no sabemos al cien por cien lo que podemos aportar. Lo que sí veo es un mundo muy limitado y una sociedad envidiosa. 😢

Sergi
🎤 Tengo una pregunta para los dos. El otro día, un amigo de Arnau nos decía que a nadie en el instituto le interesa lo que se enseña allí, y que solo aquellos que son

responsables y disciplinados estudian y aprueban, pero tampoco les interesa lo que estudian. ¿Vosotros lo veis así?

Arnau
🎤 Yo lo veo como si quisieran encasillarte en un sitio predeterminado sin atenderte individualmente. Todo está enfocado a llegar a tener un trabajo futuro. Echo en falta una asignatura que te enseñe a encarar los sentimientos y los problemas que uno vive en su vida.

Carlota
Totalmente de acuerdo. 👍

Sergi
¿Cómo vives tú pasarte la mayor parte del día en el instituto y sentir que lo que te están enseñando no te interesa?

Carlota
Como años de vida perdidos. 😐
Sales del instituto y de todo lo aprendido no recuerdas nada. Aprender algo con la finalidad de aprobar un examen no le da valor a lo aprendido. 👧
En cambio, se usa para encasillarte en listo, si apruebas, o en tonto si suspendes.

Esto te crea muchas inseguridades, ya desde el colegio.

No se valoran las cualidades que tenemos cada persona. Si nos ayudaran a ver nuestras cualidades, todos seríamos mucho más felices.

Muchos jóvenes al final crecen sin saber cuál es su talento. Solo creen que tienen que saber a, b y c, y ya está.

Sergi
Todavía pensamos que podemos llegar a ser felices sin conocernos. 💁

Parte de nuestro autoconocimiento pasa por conocer nuestras sombras y nuestras luces. Conocer nuestros talentos nos hace brillar y conocer nuestras sombras nos hace crecer.

Como padre, soy consciente de que no podemos enseñaros vuestros talentos, pero sí podemos acompañaros a descubrirlos.

Melendi
Ese es su proceso, claro, por mucho que tú seas Sergi Torres. 😂😂😂😂

Sergi
Sin duda. 😂😂😂😂

Una vez, cuando Arnau era pequeño, le estaba acompañando a dormir y me dijo algo que utilizo aún hoy en día como brújula: «Tú, que vas por todo el mundo enseñando a los demás, no tienes ni idea de nada». 😅😅😅😅😅

Melendi
😂😂😂😂
En realidad, enseñarle a la gente la ignorancia no implica tener ningún conocimiento.

Sergi
Solo conocer que soy ignorante. No me piden más currículum que ese. 😂😂😂😂

Melendi
¡Es la hostia! Muy fan. 😂😂😂😂

Sergi
Sí, soy un afortunado, tengo que reconocerlo. 😂😂😂😂

Vuelvo a cambiar de tema. En alguna ocasión hablo con Arnau sobre sexualidad. Me gusta escucharlo y aprender de cómo él ve y se plantea la sexualidad.

¿Cómo vivís la sexualidad de hoy en día?

Carlota
Hoy en día hay muchos tipos de sexualidad o de géneros: bisexual, heterosexual, homosexual, pansexual, etc.

Melendi
¿Pansexual?

Carlota
Sí, que te enamoras de una persona sin importar el género. Pero hay muchos más.

Sergi
¿Cómo vives tú todo esto, Arnau?

Arnau
Hace unos años todas estas formas de sexualidad no eran tan visibles, socialmente hablando. Me temo que hoy en día todavía no se entienden. 😕😢

Sergi
¿Vosotros creéis que se está cayendo en las etiquetas? ¿Creéis que es una moda esto?

Carlota
🎤 Hay un poco de todo. Depende de las personas. Hay gente que abusa de las etiquetas para llamar la atención y hay personas que lo sienten de verdad. Y pienso que son precisamente los que lo sienten de verdad a los que les cuesta más salir del armario y normalizarlo. Es una pena.

Melendi
Seguramente, toda la vida ha habido personas que se sienten distintas a la mayoría, pero no es fácil exponer algo que la sociedad no acepta del todo.

Sergi
Es curioso que, aún hoy en día, algunas personas vean la homosexualidad, por ejemplo, como una enfermedad.

Melendi
Esto conecta también con la poca libertad que tenemos. ¿Recuerdas lo que decía Etna el otro

día? Me confrontó mucho recordar que de joven había reprimido mi parte femenina.

Cuando eres niño, piensas: «esto que estoy sintiendo, ¿estará bien sentirlo? ¿Será correcto?». «Estoy sintiendo amor por un amigo, ¿me estaré confundiendo?» Y así, poco a poco, vas escondiendo esas emociones y vas dejando de sentir. ¡Como si fueras culpable por sentir las cosas que sientes! 🤨

Cambiando de tema, tenemos que hacer una cosa, Carlota. 😅

Carlota
¿El qué? 😊

Melendi
Te lo he dicho hoy. 😕

Arnau
¿El qué?

Carlota
Que quiere que nos tiremos de un avión con paracaídas. 🙍‍♀️🙍‍♀️🙍‍♀️🙍‍♀️

Melendi
¿Tú te tirarías, Arnau? ¿Te atreves? 😜

Arnau
De un avión, sí. ¿Por qué no? Tengo vértigo, pero creo que con un paracaídas podría. 😛

Carlota
¡Yo no me tiro!

Arnau
Pero ¿cuál es el objetivo?

Melendi
Todas las personas con las que he aprendido cosas de la vida me han dicho que lo haga. Y yo les he preguntado lo mismo, Arnau: ¿para qué?

Sergi
Tienes que saltar del avión para descubrirlo. 😁😁😁

Carlota, entiendo tu miedo. No tienes por qué tirarte, pero sí puedo asegurarte que, cuando saltas del avión, el miedo desaparece.

Arnau
¿Tú te has tirado en paracaídas, papá? 🥴

Sergi
Sí. Es una experiencia muy bonita, porque te enfrentas a tu miedo y atravesarlo siempre es liberador.

Melendi
Yo intento buscar motivaciones en cualquier sitio para conseguir saltar.

Arnau
Bueno, va, yo me tiro. 😆😆😆

Melendi
A lo mejor, si Arnau viene, me sale mi adolescente interior y me animo. 💪😅

Sergi
A Carlota no la vamos a convencer. 😂

Carlota
No. 😂😂😂

Melendi
Arnau, ¿tú qué sientes cuando te imaginas saltando? Yo siento pánico.

Arnau
Siento adrenalina e inquietud. Yo vivo la vida como si fuera una peli de ciencia ficción y en una peli de ciencia ficción puede pasar de todo. Me monto mis películas, como que salto, por ejemplo, y el paracaídas no se abre. 😨😨😨

Melendi
Uy, así lo veo yo. 😂😂😂😂 Todas las posibilidades existen. 🤔

Arnau
Exacto. 🤘

Melendi
¿Tú sientes miedo, Sergi?

Sergi
Sí siento el miedo a saltar, pero salto con el miedo. No me espero a superarlo. Si pretendes superar tu miedo para saltar, no saltarás nunca.

Arnau
Para mí, la vida está para sentir, y si no sientes o no te abres a sentir cosas nuevas, pues no completas un círculo. Aunque tengas miedo a algo, si lo haces, ya lo habrás completado.

Y también entiendo a Carlota que no quiera, ¿eh?

Sergi
Claro, es totalmente comprensible, de hecho puedes superar ese miedo sin necesitad de saltar.

Melendi
Va, hija, venga, vamos a saltar.

Carlota
¡No! 😵

Sergi
Puedes venir a vernos. 😂😂😂😂

Carlota
Yo os grabo desde abajo. 😂😂😂😂

Sergi
Es una buena opción. 🤣🤣🤣

Tengo una pregunta, Carlota. Dime algo que admiras de tu papá y algo que no te gusta de él.

Melendi
😂😂😂😂

Carlota
Me encanta la facilidad que tiene de comunicarse con todo el mundo, me gusta mucho.

Y su sentido del humor, aunque haya veces que se pase.

Melendi
😂😂😂

Carlota
No me gusta cuando oculta sus sentimientos.

Melendi
Gracias, hija, sé que me conoces bien. 😜
Arnau, ¡te toca!

Arnau
🎤 Una cosa que me gusta es que también tiene un punto de niñez, que creo que es gracias a su empatía. Entonces, me entiende mucho y me aconseja bastante. Y cuando tengo una duda, le pregunto a él.

🎤 Y lo que no me gusta es que, por ejemplo, si él quiere ir al parque y yo le pido ir a una tienda de ropa que viene de camino, él dice que no, pero si mi madre dice que vayamos a ese restaurante que está en la otra punta de la ciudad, él responde que sí.

Melendi
Eso tiene un nombre de toda la vida: calzonazos. 😂😂😂😂😂

Sergi
😛😂😂😂😂

Melendi
Mi padre siempre decía: «En esta casa se hace lo que yo obedezco». 😂😂😂😂😂

Arnau
Pues más o menos igual.

Sergi
Así que tienes un padre calzonazos. 😂😂😂😂

Arnau
Un planchabragas.

Sergi
😳 No había escuchado esta expresión nunca. 😂😂😂😂

Soy un planchabragas. 😂😂😂😂

Melendi
🤣🤣🤣🤣🤣 Me meo, me meo…

¡Lo dejamos aquí! Esto es el culmen de la conversación.

Sergi
Sí, me tengo que ir a planchar, que se me acumulan las bragas. 🤣🤣🤣🤣

Carlota, un placer conocerte.

Carlota
Igualmente.

Sergi
Gracias a los dos…

Arnau
Me ha gustado. 🤘

Carlota
Ha estado guay…

Melendi
Nos veremos más.

Capítulo 8
LA LEY DE LA ATRACCIÓN Y el Ferrari que nunca apareció

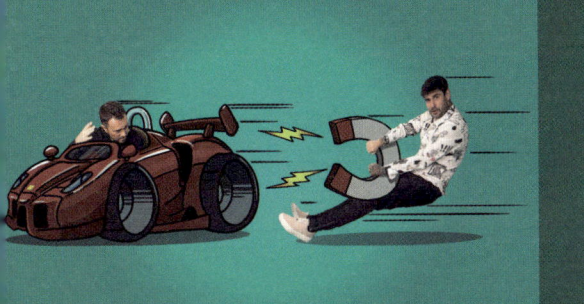

La ley de la atracción
Sergi Torres
Melendi

Melendi
Hola, Sergi. ¿Estás por ahí?

Sergi
Hola, aquí estoy.

Melendi
OK, bien. Era solo para saberlo.

Sergi
😂😂😂😂

Melendi
No, en serio, Sergi, una pregunta que me surgió: ¿a ti qué opinión te merece la famosa ley de la atracción? ¿Tú piensas que con nuestro pensamiento podemos atraer lo que queramos a nuestra vida?

Sergi
¿Te refieres a la capacidad de atraer lo que uno desea a su vida? ¿Como, por ejemplo, pensar «quiero un Ferrari» varias veces de forma muy convincente y que aparezca un Ferrari en tu vida? 😊

Melendi
Esa misma. 👍🚗

Sergi
🎤 No veo la ley de la atracción desde una perspectiva de atraer cosas o situaciones a nuestra vida, sino desde la perspectiva de nuestra capacidad de crear. Por ejemplo, esta situación en la que estamos conversando no la hemos atraído, sino que la estamos creando ahora mismo.

Melendi
🎤 OK. Así lo veo yo también. Para mí, el poder de la atracción no consiste en que lo que piensas se convierta en realidad, como quien frota una lámpara mágica, sino que, más bien, es como si desbloquearas algo interno y te dieras permiso a ti mismo para hacerlo posible.

Sergi
Qué interesante esto de ver el poder de la atracción como el darte permiso para que sucedan cosas en tu vida.

Melendi
Sí, he llegado hasta donde me he permitido. Muchas veces me he dado cuenta de que si no he avanzado más en mi carrera es porque yo mismo me he cerrado muchas puertas. Mi miedo a no comunicarme bien, o quizá a una sobreexposición, sigue estando ahí.

Sergi
🎙️ Eso se resuelve fácilmente. Cuando hablas desde el corazón, y no me refiero a la versión romántica de ello, sino desde la honestidad más genuina, aparece un orden interno.
Cuando estoy en un escenario sentado en una silla, a punto de empezar una charla, no sé si te has fijado en que estoy en silencio un rato. No es para meditar ni elevarme. 😅

🎙️ Es para mirarme y ver mi gran ignorancia. Esto que parece más propio de una persona con la autoestima muy baja, me conduce a un silencio muy profundo desde el que puedo empezar a hablar.

Melendi
Entiendo lo que dices, pero me temo que sigo muy condicionado por lo que sucede fuera de mí. Por ejemplo, ver a una persona bostezando en uno de mis conciertos me perturba.
Me genera dudas.

Sergi
¡Qué bueno! 😂😂😂😂

Melendi
Sí, sí, buenísimo...

Sergi
Con tu poder de atracción estás atrayendo a personas que se duermen en tus conciertos. 😂😂😂😂
¡Ups! Perdón por la broma. 😜

¿Y no se te ha ocurrido nunca usar esa situación?

Melendi
Más allá de llamar a Pikolin para que me patrocine, no. 😂😂😂

Sergi
😂😂😂😂😂😂😂

Yo lo aprovecharía. He visto mucha gente bostezar en mis charlas. 🫘🫘🫘🫘🫘🫘🫘

🎙️ En una ocasión, una mujer me dijo que a su marido le iba muy bien ver mis charlas de YouTube. «Sufre insomnio», me dijo, «y con tus charlas se duerme en menos de cinco minutos», añadió muy agradecida.

Melendi
🫘🫘🫘🫘🫘🫘🫘

Sergi
Tengo una pregunta: si imaginamos que el poder de la atracción sí consistiera en «pienso en un Ferrari y aparece un Ferrari», si funcionase así, ¿qué querrías atraer?

Melendi
La paz en el mundo… No, no, es broma… El Euromillón. Uno con un botecito chulo. 😜😜

Sergi
Y ¿en qué crees que cambiaría tu vida el Euromillón?

Melendi
Como diría Perales… 🎶 Y se marchó, y a su barco le llamó "libertad"… 🎶⛵😎
Es broma. La verdad, no sé en lo que cambiaría.

Sergi
¿No ves todavía el momento para hacer ese cambio?

Melendi
🎤 Están pasando cosas, y las estoy observando. Veo movimientos y me doy cuenta de que se están abriendo puertas, pero aún estoy en proceso de observarlas.

Lo curioso es que cuando estoy a las puertas de un momento creativo, al principio paso unos días de incertidumbre, y después llega el momento en el que me meto de lleno y disfruto como un enano.

Sergi
Aquí está el permiso para que sucedan cosas en tu vida del que hablabas antes. Esto, más que poder de atracción, es tu alquimia interior.

Melendi
🎤 Pero entonces, Sergi, si yo sé que después de esos días de incertidumbre entro en un estado de felicidad absoluta y de creatividad, ¿por qué no entro en ese estado más a menudo?

Sergi
No sé por qué tú no entras más. Yo puedo saber por qué yo no entro más.

Melendi
¿A ti también te pasa?

Sergi
Sí, pero yo no lo veo como si fuera un entrar y salir de un estado mental creativo.
😐➡️🤩➡️😐➡️🤩➡️😐➡️🤩

Melendi
Pero a mí me parece que yo sí salgo de la creatividad. 🧑

Sergi
🎤 Porque ves ese momento de incertidumbre como algo ajeno a la creatividad. Pero quizá es un estado previo y necesario para que la creatividad florezca.

Estamos acostumbrados a ver la tormenta como algo ajeno a un día soleado, cuando en realidad la tormenta y el día soleado están unidos, uno da lugar al otro, y viceversa. 🌦️☀️🌦️

Date cuenta de que la intensidad que vives cuando te sientes creativo es la misma intensidad que cuando sientes incertidumbre.

Melendi
Sí, incluso llego a sentir menosprecio y rabia, y a veces la creatividad me nace de ahí. 😬

Sergi
Eso sucede porque te metes de lleno en lo que estás sintiendo. No lo rechazas. Al sentirlo se transforma y ahí nace la creatividad. De la tormenta al día soleado.

De nuevo es tu «darte permiso» de que sucedan cosas en la vida, tu alquimia.

Melendi
Entiendo, pero yo hago las dos cosas, rechazo lo que siento y al mismo tiempo lo uso.

Sergi
Reaccionas conscientemente. Esto te permite usar esa energía del menosprecio y la rabia y transformarla en creatividad.

Melendi
O sea, ¿que lo estoy haciendo más o menos bien… de manera productiva, quieres decir?

Sergi
Transformadora. 🌟

Melendi
Pero todo el mundo hace eso, ¿no? Cuando sucede algo que te hace sentir como una mierda y sientes rabia…

Sergi
🎙️ No todo el mundo se sumerge en sus sentimientos para aprovecharlos. Muchas personas se hunden en ellos y los usan para confirmar que sí, que ellas son una mierda y que el mundo también es una mierda. Solemos huir de nosotros mismos. Y ahí es cuando queremos atraer al Ferrari.

Melendi
Ahí está el poder, ¿verdad?

Sergi
¡Bingo! ¡Del verdadero poder! No el de atraer Ferraris, sino el de vivir tu vida en plenitud.

Y para que tú puedas conocer este poder, antes tienes que sentir sin miedo tus emociones. Al no tener miedo a la rabia, la usas como catalizador y creas. 🧙‍♂️😂

Ahí siempre interviene el corazón, que es nuestro laboratorio de alquimia.

El corazón se abre a la vida, pero la cabeza necesita un Ferrari antes de abrirse a vivir.

Melendi
¡Eso es la hostia!

Sergi
Eso es libertad.
Por eso cuando hablas de ese nuevo camino

que intuyes ante ti, desprendes algo muy bonito, porque lo expresas desde el corazón.

Melendi
Sí, sí. Lo tengo, no es una cuestión de cabeza.

Sergi
La cabeza va a querer participar, y tiene derecho a querer participar de la fiesta, pero no de gobernarla.

Melendi
🎤 De hecho, la cabeza me dice que eso es una mala idea, que me va a distraer de lo verdaderamente importante y que me centre en lo que me sustenta económicamente. Pero desde hace tiempo algo dentro de mí anhela otro tipo de experiencias. Siento cómo mi camino se está bifurcando inexorablemente.

Sergi
🎤 Esto mismo es lo que me decían los jóvenes del instituto de Costa Rica, aquellos que te conté que fui a darles una charla sobre el éxito. Ellos prefirieron dejar de lado sus talentos y las actividades que les hacían sentir vivos para estudiar y llegar así a conseguir una futura carrera universitaria y un futuro trabajo para mantener a una futura familia. Sin embargo, muchos de ellos ya no sentían ese «algo» que tú decías que te dice que ese es tu camino.

Melendi
Entiendo. En mi caso no hablo de dejar mi talento aparte, sino de entender el talento de una manera diferente, más amplia. No es fácil escuchar esa voz interna, habla muy bajito y las voces de la cabeza montan un follón que flipas.

🎤 Estoy aprendiendo mucho. Creo que es el momento de decirte que siempre quise tener estas conversaciones contigo. Durante meses, antes de irme a dormir, cerraba los ojos con fuerza y le decía al universo: Sergi Torres, Sergi Torres, Sergi Torres, Sergi Torres. Universo, quiero ser «super-mega-chachi-espiritual». Universo, pon un Sergi Torres en mi vida, ¡ya!

Así que te estoy usando. Ahora mismo estoy riéndome y acariciando un gato. Jijijijijiji.

Sergi
Perdona, no te cuelgues medallas, que aquí el que lleva años pidiéndole al universo Meleeeeendi, Meleeeeendi soy yo. 😂😂😂 Eres mi Ferrari. 🏎️🏎️🏎️

Melendi
Entiendo que a simple vista pueda parecer un Ferrari por mi porte y distinción, pero, querido amigo, la potencia sin control no sirve de nada. Así que tienes que entender que, en esta ocasión y como diría Amaral, 🎵 sin ti no soy nada 🎵.

Sergi
😂😂😂

Melendi
¿Qué necesidad puedes tener tú de usarme?… Ladrón. 😉 😘 Si tengo un cacao mental espectacular. ¿Quieres mi cacao o eres más de Nesquik?

Sergi
😂😂😂 Me refiero a algo más sutil. Tú a mí me enseñas aquello que sin ti no puedo ver. Además, junto a ti estoy viviendo situaciones que sin ti no viviría.

Melendi
Oooooh, qué bonitoooo… 😂😂😂

🎤 En serio, eso lo entiendo; uno aporta un tipo de cosas y el otro, otras. Puede ser que yo hable desde un lugar que para ti es ya muy lejano y que desde ese lugar tú recuerdes cosas.

Sergi
¡Claro! Y del que yo aprendo eres tú. 😂😂😂

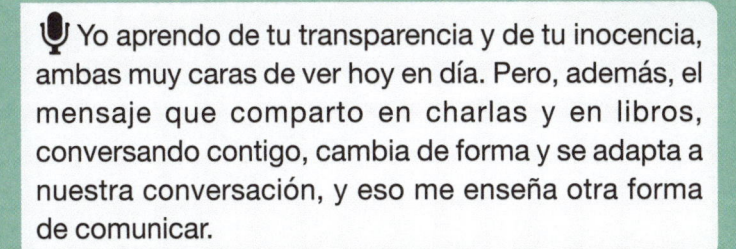

🎤 Yo aprendo de tu transparencia y de tu inocencia, ambas muy caras de ver hoy en día. Pero, además, el mensaje que comparto en charlas y en libros, conversando contigo, cambia de forma y se adapta a nuestra conversación, y eso me enseña otra forma de comunicar.

Melendi
Que la forma cambia está claro. Ya verás cuando lo lea la correctora. 😂😂😂

> Pero ¿están cambiando algunas de tus ideas a partir de nuestras charlas?

Sergi
En su forma de expresión, sí.

> **Melendi**
> Soy un fenómeno. 🤩

Sergi
Sí. 😂😂😂 Es lo que trato de decirte desde que empezamos a conversar.

🎤 Mientras conversamos, estoy abierto a descubrir cosas que desconozco e ignoro. Cuando tú te das cuenta de algo o descubres algo en ti, ese descubrimiento hace que nuestras conversaciones tengan sentido, y ahí es donde nos acompañamos, no en lo que descubrimos cada uno, sino en el hecho de estar los dos dispuestos a descubrirnos.

> **Melendi**
> No es una cuestión de que uno sea más valioso que el otro, ¿no?

Sergi
Aquellos que se juntan con la intención de descubrirse por dentro deben tener claro que la maestra aquí es la vida.

> **Melendi**
> ¡OK!

> En el pasado, cuando admiraba a una persona, cometía el error de querer convertirme en ella.

> Ahora, al hacerme consciente de ello, empiezo a reconocer que esas cosas que admiro también están en mí, y me permito buscarlas en mi interior para expresarlas como yo las siento.

Sergi
En la naturaleza no hay admiración, nada admira a nada, pero todo se comunica con todo. El problema de la admiración es que no nos permite ver quiénes somos nosotros. Porque cuando admiramos a alguien, en realidad admiramos la imagen idealizada que nosotros tenemos de esa persona.
Lo mismo sucede cuando admiramos el Ferrari y creemos que lo necesitamos para ser felices. Ahí perdemos todo nuestro poder.

> **Melendi**
> Sergi, un pequeño giro que me viene… no sé por qué, a veces no veo compatible mi profundidad con la manera en la que vivo mi personaje.

Sergi
Esa duda surge porque lo miras desde el Melendi personaje, que es el que no lo ve. Pero eso no tiene que preocuparte lo más mínimo. Esa conexión entre lo profundo y lo cotidiano se da por sí misma cuando te das cuenta de que todo es sublime. Desde planchar unas bragas 😉 hasta dar una charla sobre la consciencia universal.

Melendi
😂😂😂

Sí, sé que va a suceder, pero tengo esos miedos. ¿Y qué sentido tiene, sabiendo que el poder de la atracción en realidad consiste en eliminar los miedos para PERMITÍRMELO?

Sergi
Muy pocas personas se dan cuenta de que cuando piensan en el Ferrari de sus sueños, no atraen el Ferrari sino la 👉 «necesidad de» 👈 tener el Ferrari.
Cada vez que deseamos el Ferrari, generamos un poquito más de carencia por no tener el Ferrari hoy y un poquito más de necesidad de tenerlo mañana.

Mira, acabo de buscar el origen etimológico de la palabra «admirar». Viene de la palabra latina *admirari*, que significa «causar sorpresa a la vista».

Melendi
¿Sorprenderse?

Sergi
Así es.
Mira esto: piensa en una persona que admires.

Melendi
OK. 👍

Sergi
¿Me puedes decir dónde la ves?

Melendi
En mi mente.

Sergi
Bingo. 🎉
Así que la persona a la que admiras vive en realidad en tu cabeza.

Melendi
Explícamelo otra vez, pero, como diría Luis Fonsi, 🎵 des-pa-ci-to… 🎶

Sergi
😂😂😂
Para explicarlo des-pa-ci-to tenemos que hacerlo. ¿Vamos?

Melendi
Evidentemente, claro que lo estoy viendo desde mi mente. Pero te estoy viendo a ti.

Sergi
No. 😂😂😂
¿Quieres que sea más claro todavía?

Melendi
Sí, quiero que seas muy claro.

Sergi
Tú estás viendo una pantalla de teléfono desde la que conversamos. Y piensas que conversas conmigo.

Melendi
Sí.

Sergi
Yo no soy eso.

Melendi
Ya lo sé, Sergi, pero… 🤯🤯🤯

Sergi
Pero tú lanzas tus ideas sobre esa figura. 🎯

Dime qué admiras de esa figura que estás viendo en tu cabeza.
¿Qué admiras?

Melendi
Me está pasando una cosa rara… espérate. Uf, no te estoy viendo. 😳

Sergi
No, me estás pensando.

Melendi
¡Hostia! Que no te estoy viendo. 😱

Sergi
Jajajaja. No, me piensas.

Melendi
Estoy empezando a entender algo. Espera, a ver…

Realmente cuando te veo, incluso en persona o en una de tus charlas, no veo nada.

> Solo cuando emito algún valor veo algo. 😳

Sergi
¡Eso es! 🎉

> **Melendi**
> ¡¡¡Hostia puta!!! 🙀🙀🙀

Sergi
Este es uno de los puntos más lúcidos al que el ser humano puede llegar. 🤩
Tú no me ves, me piensas. Tú solo ves lo que piensas de mí.

Solo ves tus pensamientos. 😋😬

> **Melendi**
> ¡¡¡Hostia, Sergi!!! Es un pequeño matiz, pero nunca antes lo había experimentado así.

Sergi
Son tus pensamientos acerca de mí lo que tú admiras. Pero estos pensamientos los admiras de una forma que tú no los puedes disfrutar. Los admiras proyectando en mí.

> **Melendi**
> Te los adjudico a ti, claro.

Sergi
¡Eso es! Y la pregunta es: ¿por qué haces eso? ¿Por qué algo que tú quieres lo proyectas en mí para admirarlo y no vivirlo en tu propia piel? 👨

Melendi
Miedo, no sé...

Sergi
¡Ahí lo tienes! 🎉

Melendi
Vale, pero ¿a qué?

Sergi
🎤 A ser libre hasta la médula. A disfrutar sin necesitar nada. A no depender de nada de lo que te rodea. A que puedan ver quién eres con absoluta transparencia. A que el mundo que ves de repente deje de ser lo que tú has pensado que era hasta ahora. A todo eso le tenemos miedo.

🎤 Y ahí das con tu parte de niño, ese niño que miraba el mundo sin interpretarlo. El niño que había nacido para amar, para descubrir, para divertirse, para ser amado...
Y eso está ahí dentro vivo, completamente vivo.

Melendi
¡¡¡Mamma mia!!! ¿Cómo integro ahora yo esto? 🤯🤯🤯

¿Tú vives así constantemente?

Sergi
Defíneme «así».

Melendi
Totalmente consciente de que lo que ves en los

> demás eres tú. ¿O has dejado de verte en los demás y los demás y tú ya sois la misma cosa?

Sergi
🎤 Vivo a caballo entre dos formas de percibir. Una en la que veo a los demás como si todos fuéramos dedos de una misma mano, de manera que veo, por ejemplo, que lo que tú me dices soy yo mismo que me lo digo a mí. Y una segunda en la que veo a los demás como una mano, sin fijarme en los dedos, y en la que llego al punto de no verte ya como alguien.

🎤 Esto que estás experimentando ahora se integra a través de permitirte sentir lo que sientes. Tu sistema nervioso, sobre todo, tiene que empezar a familiarizarse con esta intensidad que estás sintiendo ahora.

> **Melendi**
> ¡Qué bestia!, me dan ganas hasta de llorar. 🥹

Sergi
Es porque es una experiencia sobrecogedora que despierta muchas sensaciones dormidas.

> **Melendi**
> Ahora mismo no sé por qué lloro.

Sergi
No importa. La cabeza no es capaz de encontrar razones a lo que está pasando.

Significa que has conseguido sortear la barrera de la cabeza y conectar con lo más íntimo de ti, donde vive esto que estás sintiendo ahora. 👉❤️👈

> Y esas lágrimas pueden ser de sufrimiento, de liberación, de alegría, de nostalgia, solo tú lo sabes. Pero sean de lo que sean, es importante que, por fin, emerjan.

> **Melendi**
> No sé de qué son... no lo sé.

> **Sergi**
> Si te adentras…

> **Melendi**
> No sé…

> **Sergi**
> Se trata solo de sentir, no de que sepas lo que sientes. Lo más importante es que lo sientas.

> **Melendi**
> Puedo pararlo, ¿no?

> **Sergi**
> ¿El qué?

> **Melendi**
> Esta emoción.

> **Sergi**
> Puedes pararlo, pero si no nos tenemos que marchar de inmediato, yo haría otra cosa.

> **Melendi**
> ¿El qué?

Sergi
Relaciónate con ello. Dile «hola, por fin emerges». «Ven aquí, déjame sentirte hasta las entrañas.» «Disculpa por haberte tenido encerrado tanto tiempo.»

Es como si estuvieras pariendo un bebé al que le das la bienvenida. Relaciónate con ese sentimiento. Como si fuera un bebé, cógelo en brazos.

El mismo sentimiento se va integrando, se va depositando en otro lugar. Y empieza a entrar otra energía, como una calma, como un sosiego.

Melendi
Esto me pasa por invocar la ley de la atracción. Por pedir un Sergi Torres al universo. 😭😭😭😭😭😭😭

Sergi
😂😂😂

Muchas gracias por abrirte a ello. 🤩 Eso que acabas de hacer es muy poderoso, porque abres un canal entre tu mente, tu corazón y tus entrañas.

Un tubo donde emerge lo que está estancado para que pueda emerger otra cosa distinta. Eso es muy poderoso. 🌟

Melendi
Vaya sesioncita, ¿eh? 😜

Sergi
Tú la has atraído con tu poder de la atracción. 🤪☕☕☕☕

Melendi
Sergi, tienes que tener cuidado conmigo, soy un arma cargada. ☕☕☕

Sergi
☕☕☕☕

Alrededor del 99,9 % de la población mundial siente pánico a esto que estás viviendo tú ahora. Y es justo ahí donde está la liberación de nuestras adicciones, de nuestras dependencias, de nuestras frustraciones. Todo eso está ahí encerrado.

Melendi
Gracias. 🙏

Sergi
A ti también, por la transparencia y la nobleza del gesto. Te honra, y para mí es un espectáculo poder verlo. Es brutal. 🤩🤩🤩

Melendi
Yo, cuando a veces veo llorar a gente, siempre pienso que hay algo de falsedad en ellos.

Sergi
Algo habrá, ¿verdad?

Melendi
Sí, ¿no?

Sergi
No lo sé, pero hay un llanto que surge como un volcán, como de niño, ahí no hay juicios que hacer.

Melendi
KO técnico.

Sergi
Hemos empezado hablando del poder de la atracción y hemos terminado hablando del verdadero poder, el poder de la libertad.

Capítulo 9
LA MUERTE
El lado menos comprendido de la vida

La muerte
Sergi Torres
Melendi

Melendi
Hola, Sergi.
¿Vivimos condicionados por la muerte?

Sergi
¡Caramba! Has sacado el as de bastos. 🤵😅
¡Hola! 😂😂😂

Melendi
😂😂😂

Sergi
Sí, vivimos condicionados por la muerte. Muchísimo más de lo que nos pensamos. 🤵😬

Melendi
Pienso que esta manera dramática que tenemos de vivirla no lo sería tanto si fuéramos capaces de recordar lo que somos en realidad.

Sergi
¡Cierto! Saber que hay vida más allá de la muerte cambia completamente la perspectiva de muchas cosas. ♻️

La muerte es lo que es y no lo que nosotros pensamos que es.

Melendi
Pero aquí no vale con tener fe, hay que vivirlo. Y esa certeza no la recuerda cualquiera.

Sergi
Hay muchos casos de personas que han tenido experiencias cercanas a la muerte. Y lo que a mí me llama mucho la atención de ellos es cómo esa experiencia transforma su manera de entender la vida.

Después de una experiencia así, la mayoría vive en paz. Según ellos, saben qué hay al otro lado y saben que no hay nada que temer ni en la vida ni después de la muerte.

Melendi
¿Hay muchas personas que tienen la certeza de que hay vida más allá de la muerte?

Sergi
Muchas más de las que puedes imaginar. 😊

🎤 Conozco un par de doctores que se han atrevido a estudiar este fenómeno. Uno es el Dr. Eben Alexander, neurocirujano, y el Dr. Pim Van Lommel, cardiólogo.

🎤 El Dr. Van Lommel empezó a estudiarlo después de que un paciente al que acababan de reanimar le pidiera a la enfermera que le devolviera el anillo que ella misma le había quitado del dedo mientras se encontraba en parada cardíaca.

🎤 En el caso del Dr. Eben Alexander, él lo vivió en primera persona. Otras lo intuyen, y la gran mayoría, como decías tú, tienen fe en ello. Pero en este último caso, la vida más allá de la muerte, lamentablemente, se ha convertido en una ideología o en una creencia.

Melendi
Ese es el problema. Tener fe en algo no cambia realmente tu perspectiva de ello, pues la fe no es consciente.

Sergi
La fe puede abrirte una puerta, pero no la cruza por ti. 🙇‍♂️

Melendi
Yo he tenido muchas experiencias con las que he podido comprobar que hay algo más al margen de lo que vemos. Hubo una época de mi vida en la que lo sentía con mucha claridad.

Esa claridad se ha ido desvaneciendo. La sociedad en la que vivimos nos lleva a pensar que uno está loco si piensa que hay algo aparte de lo que vemos. 😒

Sergi
Cualquier percepción social acerca de la vida deja de tener credibilidad cuando no incluye las distintas maneras de verla y de vivirla. Aunque sea solo como una posibilidad.

No cuestionar las «certezas» de una sociedad denota cierta inmadurez.

Por ejemplo, lo que vemos en la televisión. Es solo una versión de la realidad, pero solemos interpretarla como la verdad. 😎

¿Recuerdas la famosa frase del periodista Ernesto Sáez de Buruaga?: «Así son las cosas y así se las hemos contado». Pues sí, así las contamos, pero no, no son así. 😅

Cualquier sociedad madura se enriquecería de los relatos de las experiencias cercanas a la muerte que cuentan muchas personas. Sin dar nada por concluido, lo escucharían como una posibilidad más que tener en cuenta.

Tenemos demasiado asumido que, si algo no se demuestra que es cierto científicamente, no puede considerarse cierto. Sin embargo, nos olvidamos muy a menudo de que algo que no se demuestra científicamente que es falso, no puede considerarse falso. 😬😬😬😬

Melendi
Al final, le tenemos miedo a algo que no sabemos lo que es. Y se hace más difícil aún si desde pequeño te lo visten con la guadaña, el luto de negro, la infelicidad, el sufrimiento o el adiós definitivo.

Cuando imagino la muerte, me aterra verme ahí en un ataúd tieso y a mi familia llorando alrededor. Prefiero que me incineren y que tiren mis cenizas al Cantábrico.

En cambio, hay culturas en las que la muerte se vive sin tanto drama. E incluso en algunas se celebra.

Sergi
Sorprende ver cuán estereotipada está la muerte, ¿verdad?

🎤 Qué poco conocemos a la muerte realmente. Qué poco hemos mirado a la cara a la pérdida de un ser querido, por ejemplo.

🎤 Es un tema del que no suele hablarse en casa ni en los colegios. Es algo que todos vamos a vivir tarde o temprano y lo hemos convertido en el hombre del saco de nuestra cultura.

Tengo el recuerdo de acompañar a mi abuela durante su muerte cuando yo era muy joven. Es uno de los recuerdos más hermosos que conservo. 😍

La muerte puede llegar a vivirse de una forma muy transformadora cuando se vive el dolor de la pérdida abiertamente.

🎤 Sentarme a su lado y acompañarla en su proceso fue muy hermoso. Allí pasan cosas muy intensas y paradójicamente muy vivas. Te estás despidiendo de esa persona, de sus abrazos, de su voz, de aquel plato que solo ella cocina de esa manera tan rica.

¡Es brutal la sensación de despedida! 🌟❤️🙏

Abrirte completamente a esa despedida te permite no sufrir el resto de tu vida el duelo de la pérdida.

Melendi
Desde la perspectiva *Homo sapiens* 2021, Madrid, España, todo esto que explicas se ve como algo muy triste.

Sergi
Sí, se ve desolador.

🎙️ Déjame añadir que lo que te he contado de mi abuela no excluye ni la tristeza ni el dolor que sentí cuando murió. No estoy tratando de convertir el color negro triste en color rosa alegre. Solo digo que mirar la oscuridad sin miedo nos permite ver la cantidad de estrellas que en ella habitan.

Ahora veo que el dolor ante la muerte también está muy ligado a cómo vivimos nuestras relaciones en vida. ¿Quieres hablar de ello?

Melendi
Tira millas.

Sergi
🎙️ La gran mayoría de las personas sentimos un vacío interior. Este vacío se suele sentir en forma de soledad o de tristeza. Con nuestras relaciones más cercanas buscamos que los demás llenen este vacío creando fuertes vínculos emocionales.

🎙️ Cuando estas personas mueren, nuestro vacío queda al descubierto y pensamos que ese vacío es debido a la muerte de esa persona, cuando en realidad ese vacío es nuestro. ¡Ya estaba ahí! La pérdida de un ser querido pone de manifiesto nuestra herida más profunda.

🎙️ El duelo es un proceso de transformación muy poderoso. Apenas nadie lo vive conscientemente. En lugar de vivir el duelo con todo el dolor que conlleva, le añadimos sufrimiento al darle la espalda.

Melendi
Lo vivimos de una manera egotista, ¿verdad?

Sergi
Eso parece. 😊

Melendi
No sentimos que somos parte de un todo, de una naturaleza que tiene su función y su sentido. Nos lo tomamos como algo personal.

Las supersticiones también forman parte del problema, ¿estás de acuerdo?

Sergi
🎙️ Todo esto lo termino observando la naturaleza. Resulta tan obvio cómo la naturaleza incluye a la muerte. La muerte es natural dentro del ciclo de la vida.

🎙️ Cuesta entender por qué, teniendo toda esta información a nuestro alcance, no la miramos. He aquí el misterio humano: ¿por qué seguimos conceptualizándolo todo? ¿Por qué seguimos convirtiendo la muerte en un concepto cultural al que temer? Y, ¿cómo salimos de ahí si pensamos que esa manera de verla es la verdadera?

Melendi
Esa es la paradoja de la dualidad, ¿no?

Sergi
Sí, la gran paradoja de la dualidad: el mundo del tú y del yo, de lo bueno y de lo malo, del antes y del después, de la vida y de la muerte.

Melendi
Y ahora me vas a contar que la muerte también está en el presente, ¿no? 🤯

Sergi
Pues no, no te lo voy a contar, no sea que te acojones. Pero es muy obvio que tanto el nacimiento como la muerte solo acontecen en el presente.

Melendi
En este mismo instante, ¿verdad? 😂😂😂

Sergi
Paradójicamente, cuando mueras ya me contarás si es presente o no.

Melendi
Sí, sí… te lo dejaré escrito en una carta al pasado. 😂😂😂

Sergi
Que yo leeré en mi presente. 😬😬😬

Melendi
Pues sí, es en el presente. Me acabas de matar. 🤯🤯🤯

Me pregunto qué pasaría si nos abriéramos socialmente, concretamente en la educación, a otras maneras de ver la muerte.

Sergi
Esto que dices es muy importante. 💥
Pero cuidado, no sea que fabriquemos unas nuevas creencias acerca de la muerte más bonitas y «llevaderas». 😬😬😬😬

🎤 «Lamentablemente», solo se puede mirar a la muerte a la cara cuando esta aparece. Podemos filosofar mucho sobre ella, pero solo uno sabe lo que está viviendo en ese momento.

Melendi
A veces, cuando estoy lúcido me doy cuenta de que lo que nos tendrían que enseñar es a vivir de una manera más consciente y que, simplemente con eso, viviríamos la muerte de forma muy diferente, aceptando e integrando ese dolor.

Sergi
Vivir el dolor abiertamente es muy liberador; nos enseña sobre la vida, sobre el amor y le resta dramatismo a la muerte.

Ahí dejan de tener sentido los «ánimo, venga, no pasa nada», «el tiempo todo lo cura» o el «todos estamos en el cielo». Creernos todas estas ideas sin vivirlas previamente nos confunde mucho.

Melendi
Fíjate en la cantidad de expresiones y conceptos que tenemos interiorizados y que no permiten que exploremos o vivamos de otro modo la muerte. Menuda tela de araña hemos construido.

Estaría bien utilizar desde pequeños nuevos conceptos.

Sergi
Cierto, pero para enseñar estos nuevos conceptos se necesitan personas que vivan eso que enseñan.

Melendi
¿Muertos? 😂😂😂

Sergi
😂😂😂

Melendi
Personas conscientes, ¿verdad? Se ve al instante si alguien habla desde la experiencia o lo ha leído en un libro.

> Quizá nacemos sabiendo todo y, poco a poco, a medida que crecemos, lo olvidamos...

Sergi
Eso parece. 😂

🎤 Curiosamente, a medida que vamos formando nuestra personalidad, esa chispa de vida que se ve con tanta claridad en los bebés y los niños y niñas pequeñas va quedando opacada.

Podríamos decir que con el nacimiento de nuestro ego muere nuestra chispa de vida. Aunque en verdad no muere, solo queda ocultada.

🎤 En muchas enseñanzas espirituales ancestrales, se habla de la «muerte» del ego como una especie de resurrección. Esta muerte es una metáfora. Consiste en darse cuenta de que no somos el disfraz. Con este darse cuenta resurge la chispa de vida.

> **Melendi**
> ¿Tú has vivido esta «muerte»?

Sergi
He vivido grandes muertes de mi disfraz. Mi percepción de que soy Sergi, y solo Sergi, ha muerto. Sigo llevando disfraz, pero soy consciente de formar parte de algo mucho más grande que mi persona.

Melendi
Hablando del disfraz, ¿puedes tener pensamientos personales siendo consciente de que no solo eres la persona?

Sergi
Te respondo con un ejemplo.
Imagínate que estás en una habitación que tiene una ventana que da a la calle.

Melendi
OK.

Sergi
Ahora, imagínate que te pones enfrente de la ventana y te ves reflejado.

Melendi
¡Qué tío tan atractivo! Este sí que no está en mi mente, lo veo. 😂😂😂

Sergi
😂😂😂 Bien, Narciso. Ahora date cuenta de que tienes dos opciones: mirar el cristal de la ventana y verte reflejado, o mirar más allá del reflejo y ver el exterior.

Melendi
Lo siento Sergi, me quedo prendado. 😅 Es broma, continúa. 😉

Sergi
Madre… 🤦‍♂️😂😂😂

Sigo. Al poner toda tu atención en el cristal de la ventana, ves al «Melendi reflejo». Entonces piensas y vives limitado a lo que «Melendi reflejo» piensa, cree y ve.

Ver solo el reflejo en la ventana es vivir creyendo que eres el disfraz del ego. Ver el exterior de la habitación significa ser consciente del ego.

Melendi
Eso es conectar con una parte más profunda de ti, pero aun así sigues teniendo el pensamiento personal, ¿verdad?

Sergi
Sí, porque ves los dos mundos. El mundo del reflejo y el mundo exterior. De hecho, mirar más allá de lo personal es precisamente la muerte metafórica de la que hablaba.

Melendi
Entonces, si yo no veo más allá del reflejo es porque no quiero. Es decir, que por mucho que crea que sí quiero, me estoy mintiendo. Me lo estoy inventando, porque ese deseo de ver a través de la ventana lo deseo desde mi reflejo en la ventana. 🤪🤯

Sergi
¡Eso es! 😂😂😂

Imagínate estar frente a la ventana y ver tu reflejo decirte: ¡¡¡Cómo me encantaría ver el exterior!!!

Melendi
😂😂😂

Sergi
Y a la vez diciéndole tú a tu reflejo: ¡¡¡Eh, tú, apártate del medio que no veo lo que hay fuera!!!

Melendi
Yo siempre en medio, como los jueves. 😂😂😂

Sergi
¿Te imaginas pedirle al reflejo de la ventana que practique yoga o que lea libros de crecimiento personal para que aprenda a mirar por la ventana? 😂😂😂

Raro, ¿verdad? 😜😜😜

Por cierto, ¿te has fijado que tu reflejo siempre mira hacia ti? Nunca mira hacia lo que existe más allá de ti.

Melendi
Tranquilo, Sergi, si yo ya...Yo ya... 😂😂😂

Sergi
¡Eso es! 😂😂😂
Ahí nace el «yoyaísmo»: yo ya sé esto; yo ya sé aquello; yo ya sé aquello otro, yo ya..., yo ya... 😂😂😂😂😂

Irónicamente mirar más allá del «yoyaísmo» del reflejo de la ventana, no es más elevado, ni te hace más iluminado.

Melendi
Un poco sí, ¿no? Tú ya has visto cosas que yo no he visto.

Por ejemplo, si me dicen «tírate en paracaídas», yo ya sé dónde tengo que ir a buscar mi miedo. De hecho, no tengo ni que buscar mucho. 😂😂😂

Sin embargo, el miedo a mirar más allá de la ventana o no es tan concreto o no sé dónde buscarlo.

Sergi
Sí, sí que sabes, mucho más de lo que piensas. Si me permites, con la mano te voy a aplastar la cara contra el cristal de la ventana. 😂😂😂

Melendi
No tienes huevos. 😂😂😂

Sergi
😂😂😂 Dices que no sabes dónde buscar el miedo a la desaparición.

Melendi
Sí, no lo veo con claridad.

Sergi
🎤 Cualquier miedo que tú tengas, en realidad es miedo a que la imagen que tú tienes de ti mismo desaparezca. El miedo a que muera un hijo es

miedo a perder tu personaje de padre. El miedo a no vender discos es miedo a perder tu personaje de músico. Todos los miedos apuntan siempre al personaje.

Melendi
Pero es que al final todo termina confirmando mi personaje y mi dualidad, el yo y los demás.

Sergi
Sí, esa percepción dual del mundo, el yo, el tú, el ellos, el nosotros, es la que confirma que tú eres tú y solo tú.

Melendi
Sí, eso sí lo sé.

Sergi
Pues ver eso es ver solo la punta del iceberg, pero te permite agarrarla y levantar el iceberg entero.

Melendi
Todo tiene que ver con la muerte, ¿verdad?

Sergi
¡Sin duda!

Melendi
Si acabas con esta dualidad, acabas con la idea temerosa de la muerte.

Sergi
¡Sí! Cuando la dualidad es comprendida, la muerte también. Entonces muerte y vida pasan a ser entendidas como una sola cosa.

Melendi
De ahí lo de «la verdad nos hará libres», ¿no?

Sergi
Exacto. Hay libertad en ello, pero no sé ponerle palabras; no soy poeta. 😂

Si miras este instante seguramente lo puedas ver. ¿Puedes atender a la sensación que se mueve ahora en este chat que compartimos? ¿Puedes ver qué es esto?

Melendi
Vida.

Sergi
🔍 ¡Es VIDA! 🎉
Esta VIDA incluye la vida y la muerte. Este instante que compartimos está muriendo, pero la VIDA sigue dando a luz a otro instante de vida.

Esto que estamos experimentando ahora es libertad, presencia, unidad. Fíjate cómo nos incluye a los dos.
Y ahora, si me permites dar por muerta nuestra conversación… 😄 ¿Qué tal tu nuevo disco?

Melendi
He pasado mucho tiempo en modo creativo, lo he disfrutado mucho. Pero me temo que lo ha escrito el reflejo del cristal. 🫘🫘🫘🫘

Sergi
Este comentario sí que lo ha dicho el reflejo del cristal. 🫘🫘🫘🫘

¡Qué ganas de escucharlo! ¡Yo quiero uno!

Melendi
Son 19,95, que yo pago tus charlas como cualquier hijo de vecino. 😂😂😂

Sergi
👍👍😂😂

Melendi
Todavía no tiene portada, pero lo podrás escuchar.

Sergi
Gracias.

Melendi
Nos vemos.

Capítulo 10
LA VIDA
¡Estamos vivos!

La vida
Sergi Torres
Melendi

> **Melendi**
> Hemos hablado de la muerte. Hablemos de la vida.

> **Sergi**
> ¿Quieres hablar de lo más bello, incomprendido e ignorado que existe?

> **Melendi**
> Dices que es lo más bello, pero desde una perspectiva más humana no suele verse así. No entendemos la vida como lo que es, el culmen de todo. 🧑
> Es por eso por lo que terminamos necesitando algo que le dé sentido a lo que ya en sí es el sentido de todo.

> **Sergi**
> Cierto.

> **Melendi**
> Entendemos la vida como si fuera un medio, cuando en realidad ya es el fin. ♻️

Todo termina culminando en la vida, pero nosotros, en cambio, jugamos al juego de creernos que hay un motivo por el que estamos en este mundo.

La vida es completa en sí misma, pero nosotros la comprendemos a nuestra manera muy personal…

Si esto que digo es así, y nosotros somos el resultado de esa vida completa, ¿qué pretende la vida con el hecho de que nosotros nazcamos inconscientes?

Sergi
La vida no está buscando nada en realidad.

Hasta donde yo puedo ver, veo que la vida solo nos ofrece la capacidad de vivirla como queramos. Vivirla inconscientemente también es una opción. 😬😬😬

Pero ocurre algo gracioso. Cuando decidimos vivir inconscientemente, no somos conscientes de haber decidido vivir inconscientemente. 😅😅😅 Entonces, de vivir la vida como queramos, pasamos a vivirla como podemos y a duras penas.

Si viviéramos conscientes, sabríamos que nuestras vidas forman parte del universo. 🤩

Imagínate estar en tu casa, sentado en tu sofá viendo las noticias sin ser consciente de que formas parte del universo entero… 😱😱😂😂

Melendi
Quizá así sí viviríamos una vida más rica y más VIVA…
Me cuesta un poquito imaginar ser consciente del universo. 🤔

Sergi
Vivir sin ser conscientes de ello, nos lleva a sentirnos vacíos y a vernos separados de todo lo que nos rodea. De hecho, esta es la razón por la que el mundo humano es como es hoy en día. Pon las noticias en la televisión y lo verás por ti mismo.

Por esta razón, buscamos llenarnos de cosas, personas y de situaciones. Buscamos ser felices, pero no funciona. 👦👦👦

Esto se ve muy claro en una relación de pareja. Los dos miembros de la relación están esperando ser amados por el otro para sentirse vivos. Sin embargo, los dos ya están completamente vivos, ¿verdad?

Melendi
¿Tú crees que nuestro camino es volvernos conscientes?

Sergi
🎤 Todo lo que vivimos en nuestro día a día es una llamada a ser conscientes. Ser conscientes en el sentido de abrirnos a un prisma más amplio del que tenemos actualmente.

🎤 Por ejemplo: cuando nos sentimos tristes porque nuestra pareja ha decidido dejar de serlo. Esa tristeza es una llamada a ser conscientes, primero, de nuestro miedo a la soledad, y segundo, de la libertad que se esconde detrás.

🎤 Todo en la vida cobra un sentido más profundo y consciente cuando es vivido. Estamos acostumbrados a huir de muchas emociones y a perseguir muchas otras. Esto nos aleja de la posibilidad de ampliar nuestra consciencia y de ver la vida en su plenitud y esplendor.

Los momentos duros en la vida, aparte de ser difíciles de vivir, también nos hacen ser conscientes de nuestra capacidad de tomar nuevas decisiones y de apreciar la vida con más agradecimiento. 😊

Melendi, tú estás viviendo una vida, ¿verdad? ¿Cómo te va? 😃

Melendi
Voy ganando 1 a 0. 😂😂😂

Sergi
😂😂😂😂😂

¿Pero te gusta vivirla? Tú eres el que ha dicho que la vida es el culmen de todo, y estoy de acuerdo, pero ¿estás disfrutándola?

Melendi
No podría responderte hasta el siguiente libro. 😂😂😂😂😂

Sergi
😂😂😂😂😂

Melendi
Todavía no he tenido tiempo de saborearla del todo.

Sergi
Esto que acabas de decir es brutal. ¿Puedo detener la conversación aquí?

Melendi
Sí.

Sergi
Tú has dicho «no he tenido tiempo de saborearla del todo», ¿verdad?
Me pregunto, si yo no he tenido tiempo de saborearla, ¿a qué he estado dedicando mi vida hasta ahora? 😳😳😳

Ahí es cuando veo el miedo a vivir. ¡Esto es durísimo! Vivir algo con miedo a vivirlo es muy doloroso.

Podríamos decir que el dolor que sentimos en la vida no es por lo que sucede, sino por el miedo que tenemos a vivirlo. ¡Una locura, vamos!

Melendi
Es una locura muy extendida. 👬👬👬

Sergi
Tan extendida que parece lo normal. 😬😬😬

Por eso todavía hoy en día, ya desde muy pequeños, enseñamos a los niños y a las niñas a temer a la vida. Les decimos: «¿ves a ese policía de ahí?, pues si sigues llorando, vendrá y se te llevará», o también, «no irás a la fiesta de cumpleaños de tu amigo si no te terminas el plato de comida». 🙍

Si no nos enseñáramos a temer a la vida, seguramente seguiríamos dispuestos a lanzarnos a vivirla como cuando éramos pequeños.

¿Te imaginas vivir una vida de la que desconfías? ¿A qué estado mental te lleva eso?

Melendi
Sí me lo imagino, sí. 😂😂😂😂😂

🎤 Esto que dices me empuja a exponerme, a cambiar mi manera de mirar. Pero siendo un personaje público que vive constantemente reafirmándose, ¡ostras! ¿Cómo asimilar todo esto y no morir en el intento?

Sergi
¡Cierto, tu personaje es público!

🎤 La única manera que yo conozco es interpretando ese personaje con mucho cariño y no caer en la tentación de creer que eres ese disfraz.

Melendi
Entiendo, pero me refiero a que cuando un personaje público habla de ciertas cosas, se le suele juzgar con más dureza.

Sergi
Juzgamos sin escrúpulos. No estamos acostumbrados a escuchar la perspectiva del otro, y menos si su perspectiva desafía a la nuestra.

Sergi
Es muy fácil ver el sufrimiento que hay detrás de alguien que con sus comentarios está volcando su mierda sobre ti. Ver esto tiene algo entrañable también. 😊

Pero quizá la clave esté en darme cuenta de que tanto mis juicios como los de los demás forman parte de mi vida. Algunos duelen, pero los acojo igualmente. En la actualidad, no encuentro otra manera de vivirlo.

Melendi
Tu nivel de compasión es directamente proporcional a tu nivel de entendimiento.

Sergi
Y a tu nivel de felicidad. Si no eres compasivo, no puedes ser feliz.

Melendi
No estoy en tu nivel de entendimiento aún, me temo. 😂😂😂

Sergi
Eso es lo que entiendes ahora. 😂😂😂

Melendi
😂😂😂 No soy tan compasivo cuando me captura una crítica de esas. 👺

Sergi
Hay algo muy bonito en lo que expresas, y es que, aunque te puedas enganchar con algún comentario, siempre vas a tener un momento en el que veas que estás enganchado a ese comentario. Y en ese darte cuenta se abre un espacio para la compasión. Primero contigo y luego para con el otro. 🌟

Melendi, ¿no te resulta extraño no vivir en paz y que, en lugar de lanzarnos a descubrir la vida, le demos la espalda? ¿No te parece esto una locura? 👨‍👨‍👦

Melendi
En realidad, todo lo que hablamos me parece una locura. 😂😂😂

Todo lo que confronta mi manera de pensar lo veo así. Saltar constantemente de una vieja manera de ver las cosas a otra nueva hace que ya ni siquiera sepa qué es locura y qué no lo es.

Sergi
¿Te puedo confesar una cosa?

Melendi
Dime.

Sergi
Yo estoy muy loco, Melendi. Muy loco, muy loco. Y no tiene arreglo esa puta locura. 🧎‍♂️😂😂😂

Ups, ¡perdona el taco! 😳 Si a estas alturas ya no tenía nada de gurú, imagínate ahora. 🧎‍♂️🤣🤣🤣

Melendi
¡¡¡Te estás convirtiendo en «Sergendi»!!! 🤣🤣🤣🤣

Un día te vas a sorprender en una charla diciendo una burrada.

Sergi
Podríamos hacer una juntos. 😂😂😂 Dentro de unos años, la gente se preguntará: «¿Cuál fue la última charla que dio Sergi?» Respuesta: «Aquella con Melendi». 🤣🤣🤣

Melendi
🤣🤣🤣

Sergi
Es un reto hacerse responsable de todo lo que sucede en la vida de uno, ¿verdad? Es un reto muy bonito, y estoy dispuesto a asumirlo, pero es intenso, ¿eh? 😅😅😅

Melendi
No me lo puedo ni imaginar. Solo con pensarlo ya se me encoge el estómago.

Sergi
¿Como una garrapiñada? 😂😂😂

Melendi
¡Tal cual!

Sergi
🎙️ Ahora nos toca dejar de pedirles a los demás que vivan nuestra vida por nosotros. Aquí se nos terminan las palabras. El conocimiento de cómo ser feliz o cómo sentirnos amados está en la vida de cada uno. Una vida que tiene que hablar con voz clara para que podamos aprender a disfrutarla. Incluso en los momentos más difíciles.

Melendi
La vida es maravillosa, Sergi, y para muestra un botón.

Gracias por esta aventura. Como tú sueles decir: «Se acabó la charla». 🙏😘

Sergi
¡Se acabó la charla! 😋

Este libro se terminó de imprimir
en los talleres de Macrolibros en noviembre de 2021.

Wasaps con mi gurú ha sido posible gracias
al trabajo de sus autores, Melendi y Sergi Torres,
así como de la correctora Laura Vaqué,
el diseñador José Ruiz-Zarco Ramos, la maquetista Toni Clapés,
la directora editorial Marcela Serras, la editora Rocío Carmona,
la asistente editorial Carolina Añaños, y el equipo comercial,
de comunicación y marketing de Diana.

En Diana hacemos libros que fomentan
el autoconocimiento e inspiran a los lectores
en su propósito de vida. Si esta lectura te ha gustado
te invitamos a que la recomiendes y que así, entre
todos, contribuyamos a seguir expandiendo
la conciencia.